缠中说禅
负成本战法

赵信◎编

经济管理出版社

ECONOMY & MANAGEMENT PUBLISHING HOUSE

图书在版编目（CIP）数据

缠中说禅负成本战法/赵信编. —北京：经济管理出版社，2020.6
ISBN 978-7-5096-7144-3

Ⅰ. ①缠… Ⅱ. ①赵… Ⅲ. ①股票交易—基本知识 Ⅳ. ①F830.91

中国版本图书馆 CIP 数据核字（2020）第 093464 号

组稿编辑：勇　生
责任编辑：勇　生　王　聪
责任印制：黄章平
责任校对：张晓燕

出版发行：经济管理出版社
　　　　　（北京市海淀区北蜂窝 8 号中雅大厦 A 座 11 层　　100038）
网　　址：www. E-mp. com. cn
电　　话：（010）51915602
印　　刷：北京晨旭印刷厂
经　　销：新华书店
开　　本：720mm×1000mm/16
印　　张：10.5
字　　数：146 千字
版　　次：2020 年 9 月第 1 版　　2020 年 9 月第 1 次印刷
书　　号：ISBN 978-7-5096-7144-3
定　　价：48.00 元

前言：缠论的负成本战法重要意义

投资是一门艺术，投资的艺术归根结底是资金管理的艺术，这就像歌唱的艺术，归根结底是呼吸的艺术一样。市场的波动，归根结底是在前后两个高低点关系构成的一个完全分类中展开的，明白了这一点，市场就如同自己的掌纹一样举手可见了。以上这些，不但对于散户，而且对于庄家其实也是一样的，能明白这一点，就可以在市场中游刃有余了。

不过，即使在牛市中，高手和低手之间的盈利程度也是有很大区别的。一只股票如果上涨 1 倍，低手最终落袋的最多就是 1 倍，而高手盈利三四倍是一件很简单的事情。其实，股票投资十分简单，最关键的就是成本，而时机其实就是成本，如果你有本事能比市场的平均成本要低，就永远立于不败之地。既然波动是市场风险所在，那么相应地就提供了利用市场的风险，利用一切值得利用的波动把持有成本往 0 甚至负数干下去的机会，这样，无论牛熊，都无所谓了。有波动就有风险，相应就有利润，对一个高手来说，只要有足够的时间，一只下跌股票弄出来的利润一定比一个低手在一只上涨股票弄出来的大，当然这只是举例，真正的高手当然不会故意逆着趋势干。

市场的唯一风险就是投入的钱在后面的时刻不能用相应的凭证换成更多的钱，除此之外，一切的风险都是狗屁风险。但任何的凭证，本质上都是废纸，以 0 以上的任何价格进行的任何交易都必然包含风险，也就是说，都可能导致投入的钱在后面的某一时刻不能换回更多的钱，所以，交易的风险永远存在。那么，有什么样的可能，使得交易是毫无风险的？唯一的可能，就是拥有一个负价格的凭证。什么是真正的高手、永远不败的高手？就是有本事在相应的时期内把任何的凭证变成负价格的人。对于真正的高手来说，交易什么其实根本不重要，只要市场有波动，就可以把任何的凭证在足够长的时间内变成负价格。如何把任何价格的凭证，最终都把其价格在足够长的时间内变成负数。

　　任何的市场波动，都可以为这种让凭证最终变成负数的活动提供正面的支持，无论是先买后卖与先卖后买，效果是一样的，但很多人就只会单边运动，不会来回动，这都是坏习惯。市场无论涨还是跌，对于你来说永远是机会，你永远可以在买卖之中，只要有卖点就要卖出，只要有买点就要买入，唯一需要控制的，就是量。即使对于本ID①这样的资金量来说，1分钟的卖点本ID也会参与，只是可能就只卖5万股，跌回来1分钟买点买回来，差价就只有1毛钱，整个操作除了手续费可能只有4000元的收入，但4000元不是钱？够一般家庭一个月的开销了。而更重要的是，这样的操作能让本ID的总成本降低即使是0.000000001分，本ID也必须这样弄。所以，任何的卖点都是卖点，任何的买点都是买点，唯一需要控制的只是买卖的量而已。级别的意义，其实只有一个，基本只和买卖量有关，日线级别的买卖量当然比1分钟级别的要多多了，可以用更大的量去参与买卖，例如，100万股、1000万股，甚至更多。对于任何成本为正的股票，只有一个想法就是要尽快搞成负数的。对权证也不例外，例如，已经停掉的某认购权证，最终在最后几天上涨到1元多完全出掉时，当时的成本是-2.8元多，注意，仓位是一直不变的，最开始多少就是多少，上上下下，卖点的时候变少，买点的时候又恢复原来的数量，但绝对不加仓，一开始就买够。

　　因此，站在这个角度，股票是无须选择的，唯一值得选择的，就是波动大的股票，而这个是不能完全预测的，谁知道下一次怎么样？市场从来没有任何的风险，除非市场永远是一条直线。当然，对于资金量小

---

　　① 缠中说禅文章中常说的"本ID"，是他的一种风格化的自称，对他来说，"本ID=缠中说禅"。

的投资者，完全可以全仓进出，游走在不同的凭证之间。这样的效率当然是最高的，不过这不适用于大资金。大资金不可能随时买到足够的量。一般来说，只在月线、最低是周线的买点位置进去，追高是不可能的，这样会让变负数的过程变得太长，而且都是在庄家吸得差不多时进去，一般都是二类或三类买点，这样可以骗庄家打压给点货，从散户手里买东西太累，一般不在月线的第一类买点进去，这样容易自己变庄家了。

一笔足够长的钱＋本理论的熟练运用＝战无不胜。市场，哪里有什么风险？

总之，缠论的通关标志就是把股票降成零成本，能做到零成本不是技术多好，而是对缠论理念是否理解得透，缠论做零成本不是一般市场的人做差价和高抛低吸，而是在成功地操作概率的基础上，每一次赚取的利润以股票的形式留在市场，然后把成本抽出，每次操作赚取利润会使零成本的股票越来越多，这样才达到真正的市场投资零风险和零成本。如果按普通的做差价和高抛低吸的方法根本做不了零成本，而且会使操作者丢失筹码，因为股价的短线的高低是机构和主力控制的，普通投资者根本做不了高抛低吸，所以理解缠论操作理念是成功操作股票变成零成本的重要路径。

本书全面地总结了缠中说禅的负成本战法，一共有十个部分，分别是：最有效的资金管理；利用短差降低成本；用震荡、盘整降低成本；定下级别；看出中枢、背驰；必须掌握三类买卖点；踏准节奏；做好"防狼术"；回避风险；戒"贪"。

编者QQ：963613995；微信号：qian15201402522。

目 录

第一章　缠中说禅负成本战法 1：最有效的资金管理

一、最有效的资金管理，就是降低成本

缠论认为，对于小资金来说，资金管理不算一个特别大的问题，但随着盈利的积累，资金越来越大，资金管理就成了最重要的事情。一般来说，只要有好的技术，从万元级到千万元级，都不是什么难事。但从千万元以后，就很少有人能稳定地增长上去了。

所有的短线客，在资金发展到一定规模后，就进入滞涨状态，一旦进入大级别的调整，就打回原形，这种事情见得太多了。因此，在最开始就养成好的资金管理习惯，是极为重要的。投资是一生的游戏，被打回原形是很可悲的事情，好的资金管理，才能保证资金积累的长期稳定，在某种程度上，这比任何的技术都重要，而且是越来越重要。对于大资金来说，最后比拼的，其实就是资金管理的水平。

资金必须长期无压力，这是最重要的。有人借钱投资，盈利后还继续加码，结果都是一场游戏一场梦。

一个无压力的资金，是投资的第一要点。另外一个要点，就是自己的资金，一定不能交给别人管理，自己的盘子，一定要自己负责，不能把自己的命运交给别人。

不能把自己放置在一个危险的境地，所谓背水一战、置之死地而后生，都不是资本市场应该采取的态度。这样的态度，可能一时成功，但最终必然失败。技术分析的最重要意义在于，让你知道，市场究竟在干什么，市场在什么位置该干什么；让你知道，一个建立的仓位，如何持有，如何把一个小级别的持有逐步转化为大级别的持有，又如何退出。这一切，最终都是为资金管理服务的，投资最终的目的不是股票本身，而是资金，没收回资金，一切都没意义。股票都是废纸，对资金的任何疏忽，都会造成不可挽回的损失。

任何人必须明确的是，多大的资金，在市场中都不算什么，而且，资金是按比例损失的，1万亿元和1万元，按比例损失，变成0的速度是一样的。

二、缠中说禅的资金管理策略

缠论的资金管理策略就是：成本为0。成本为0就是股市盈利的唯一前提。

缠论在资金管理中针对每一只股票的最大原则是：当成本为0之前，要将成本变为0；当成本变成0之后，就要多挣股票，直到股票见到历史性大顶，也就是至少出现月线以上的卖点。

缠论总结出五条资金管理要点：

（1）在第一买点时买入应该要坚决，需要是一次性买入所占资金的70%。假如连一次性买入的信心都没有，则说明完全没准备好，那就一股都不要购买了。这只股票应该买多少，应该占总体资金多少，一开始就必须研究好，买入之后，资金就不能再增加。买入之后，如果下跌了，除非证明没有买入的理由，技术上产生了严重的形态，否则的话都不要抛出一股。

（2）运用部分机动的资金，例如 30%，不同级别的短差必须要应用不同的资金量，去做一点短差，使得成本降下来。然而每次短差，不要去增加股票的数量。唯有这样，才有可能将成本真正地降下来。

（3）在股票达到 1 倍涨幅附近寻找一个大级别的卖点抛出一部分，将成本降为 0。因而就将原先投入的资金全部收回来了。

（4）当股票成本为 0 之后，就要开始多挣股票，也就是运用每一个短差，上面抛了之后，都全部回补，这样股票就越来越多，而成本还是 0。

（5）等着一个超大级别的卖点来到，就一次性全部抛出。

最重要的是，建立你的炒股体系，包含方向或趋势研判、买入（卖出）条件、止损、止盈、资金管理、仓位管理等，尽量减少人为判断的因素，尽可能都做到非判断性交易方式。

资金管理只能将交易系统产生的劣势进行转换，而根本无法将其消除。所以说，任何资金管理策略，都无法打败概率。

资金管理策略并不能创造出财富，但它又是交易者不可或缺的"减震器"。即使你的交易系统具有明显的期望收益，但只要你的下注足够重，那么市场照样可以将你扫地出门。期望收益可以理解为每一次交易结果的理论平均值，而每一次交易的结果都会偏离这种平均值。只要这种偏离理论值的幅度能够超过你所使用的资金管理策略的承受能力，顷刻间你的全部交易行为都会出现崩溃。从某种意义上来说，资金管理策略的稳定性要比交易系统的期望收益更加重要。

三、缠中说禅实战操作计划

以下的缠论实战操作计划，大家要根据自己的资金与操作风格加以修改。

（一）股票总体

（1）代码与名称。

（2）总股本，流通盘，所属板块，所属地区。

（3）参与仓位。

（二）技术分析

（1）大盘当前日线级别的走势情况：何种级别上涨，何种级别下跌，何种级别盘整。只操作盘整或者上涨，不参与下跌。

（2）大盘周线与月线的情况，周线与月线是底分型还是向上笔？

（3）大盘板块轮动的情况，一、二、三线股的比价如何？你的目标股属于哪一种？用缠中说禅板块强弱指标，目标股是哪一类均线系统的强势，已经多头排列还是处于盘整的平衡市？

（4）当下目标股的买点是什么级别？与你的操作级别相符吗？只做与操作级别相符的股票，不相符的放弃。例如，只做 30F 级别的第一类买点（趋势背驰点）（只做一种股票或板块——缠中说禅第一利润最大定理），或者只做 30F 级别中枢的第三类买点（不参与中枢震荡，不断换股——缠中说禅第二利润最大定理）。

（5）目标股所在板块其他股的历史如何？它们处于相同级别的走势吗？板块中其他股也同时启动，处于相同的买点吗？

（6）根据操作级别进行目标股的细节性技术分析。

1）目标股是何种操作级别的买点。

2）目标股在日线图上当下最近的中枢 ZG、ZD、DD、GG、ZN，这些都是压力位与支撑位的参考指标。中枢级别越大，压力与支撑越大。

3）明确目标位，不要被不属于参与级别的震荡震出局。第一类买点至少要回到该趋势的第二个中枢位置，第三类买点要持股至出现相同级别中枢为止。

4）明确短差的级别。大级别买点介入的，在次级别第一类卖点出现时，可以先减仓，其后在次一级别第一类买点出现时回补。例如，30F 操作级别，只用 5F 级别的趋势背驰短差。

5）制定退出的边界条件，没有百分百的技术或者自身技术分析有误，这是长期在市场生存的必要条件。当第一类买点后出现的底部中枢（中阴阶段）出现第三类卖点，说明底部构筑失败，必须退出。当第三类买点重返中枢震荡，必须退出。但是这种退出也必然是盈利的，不能一根筋地等三卖或是重返震荡。第一类买点介入，当一个次级别走势向上，该过程是盈利的，可以短差。第二个次级别走势向下时要观察是否跌破第一买点，不破是二买说明介入正确，持股；破了弱势，可能底部不成立或者进行更大级别盘整，此时再向上第三个次级别走势要果断退出。第三类买点介入的，第一个向上的次级别走势是必然盈利的，如果非背驰类向上，那么持股；如果与前一个次级别走势形成盘整背驰，说明可能重回中枢震荡，则应出局部分仓位，观察触及该中枢的 ZG 是否再度出现三买，出现三买持股补仓，跌破 ZG 就是震荡确立，清仓。

（三）基本面

（1）国家产业政策是否支持？最好是第一次出现的新概念，通常号召力比较强。

（2）利空洗盘或者利好出货。

（3）期货市场与行业表现互动。

（4）外围市场是否有领涨板块会导致 A 股共振。

（5）心理因素。恐惧还是贪婪？市场大众心理如何？赢家永远是少数人。

（四）资金管理

（1）介入的目标股的仓位（确定了就无须变动）。

（2）操作级别的买卖点，次级别短差的买卖点，中枢震荡的买卖点的仓位安排。

（3）退出目标股的仓位安排。

（五）经验总结

（1）技术面与资金管理执行的精确度，错误在哪里？

（2）心理面问题，剖析自我，思考心理模式。

（3）基本面对大盘与个股的影响，增加经济政策的敏锐性。

四、资金管理的心态

缠论认为在最开始就养成好的资金管理习惯，是极为重要的。好的资金管理，才能保证资金积累的长期稳定，在某种程度上，这比任何的技术都重要，而且是越来越重要。

（1）操作系统使用 KING KELTNER 交易系统（55MA）。

（2）资金管理系统 Mr. Andreas Bosch 的 Profit risk 模型。

（3）有盈利的单向最大仓位是 12 个单位，亏损的单向最大仓位是 8 个单位。

（4）风险资金计算：风险资金够满仓止损两次，即有盈利时，单个品种的满仓风险资金 = 风险资金总量/（3×2）；有亏损时，单个品种的满仓风险资金 = 风险资金总量/（2×2），单个品种的单位风险 = 满仓风险资金/5。

一般而言，中长期趋势操作系统信号发出时，操作者往往会觉得重大机会来临，有种重仓一搏的冲动。但是，事实上，中长期趋势操作系统的特点是小亏损多，盈利少但量大。如果仓量不控制，初期的亏损会造成你的本金严重受损。这就是为什么人们会提出"长线轻仓"的说法。所以，风险资金，最起码要经得起两次满仓的止损。

如果本金是 100 万元，正常模式的风险金是 5 万元，那么：

单个品种满仓风险	$5/(2 \times 2) = 1.25$
单个品种单位风险	$1.25/5 = 0.25$
单个品种 1 个单位的止损	$0.25 \times 2 = 0.5$
单个品种 2 个单位的止损	$0.5 + 0.25 + 0.125 = 0.875$
单个品种 3 个单位的止损	$0.5 + 0.25 + 0.125 + 0.25 = 1.125$
单个品种 4 个单位的止损	$0.5 + 0.25 + 0.125 + 0.25 + 0.125 = 1.25$

如果 5 万元最初风险金亏完了，风险管理进入保守模式，那么：

单个品种满仓风险	$2.5/(2 \times 2) = 0.625$
单个品种单位风险	$0.625/5 = 0.125$
单个品种 1 个单位的止损	$0.125 \times 2 = 0.25$
单个品种 2 个单位的止损	$0.25 + 0.125 + 0.0625 = 0.4375$
单个品种 3 个单位的止损	$0.25 + 0.125 + 0.0625 + 0.125 = 0.5625$
单个品种 4 个单位的止损	$0.25 + 0.125 + 0.0625 + 0.125 + 0.0625 = 0.625$

这里的单位是%，比如 5，其实是总资金量的 5%；又如 0.625，其实是总资金量的 0.625%。

如果盈利了，风险管理进入进取模式，总风险金 = 5 + 盈利 × 20%，比如盈利 20 万元，那么：

单个品种满仓风险	$(5 + 20 \times 20\%)/(3 \times 2) = 1.5$
单个品种单位风险	$1.5/5 = 0.3$
单个品种 1 个单位的止损	$0.3 \times 2 = 0.6$
单个品种 2 个单位的止损	$0.6 + 0.3 + 0.15 = 1.05$
单个品种 3 个单位的止损	$0.6 + 0.3 + 0.15 + 0.3 = 1.35$
单个品种 4 个单位的止损	$0.6 + 0.3 + 0.15 + 0.3 + 0.15 = 1.5$

如果盈利 50 万元，那么：

单个品种满仓风险	$(5 + 50 \times 20\%)/(3 \times 2) = 2.5$
单个品种单位风险	$2.5/5 = 0.5$
单个品种 1 个单位的止损	$0.5 \times 2 = 1$
单个品种 2 个单位的止损	$1 + 0.5 + 0.25 = 1.75$
单个品种 3 个单位的止损	$1 + 0.5 + 0.25 + 0.5 = 2.25$
单个品种 4 个单位的止损	$1 + 0.5 + 0.25 + 0.5 + 0.25 = 2.5$

如果盈利 100 万元，那么：

单个品种满仓风险	$(5 + 100 \times 20\%)/(3 \times 2) = 4.16$
单个品种单位风险	$4.16/5 = 0.832$
单个品种 1 个单位的止损	$0.832 \times 2 = 1.664$
单个品种 2 个单位的止损	$1.664 + 0.832 + 0.416 = 2.918$
单个品种 3 个单位的止损	$1.664 + 0.832 + 0.416 + 0.832 = 3.75$
单个品种 4 个单位的止损	$1.664 + 0.832 + 0.416 + 0.832 + 0.416 = 4.16$

可见，随着盈利的增多，风险度也逐渐增多。但是，如果忽略本金的 5% 的风险资金的话，盈利提供的单个品种的商品的风险单位是 $20/(3 \times 2 \times 5) = 0.66 < 1$，也就是说，我们每次 10% 的还是比丹尼斯的 15% 要少，相对来说是安全的。

另外，如果要尽量保证首次建仓成功，可以实行"广种薄收"的策略，尽量在相关性少的品种间建仓，少加仓，然后忍受因为少加仓而带来的"建对仓也收益相对少"的缺点。

现在的问题是，如果进取模式中的风险资金也亏光了，是直接转回正常模式，还是转回保守模式？资本金总额是以初始的 100 万元计，还是以 95 万元 + 盈利 × 80% 计算？

我的意见是先转回正常模式，以（95 万元 + 盈利 × 80%）× 5%，如果再亏光，再转回到新的保守模式（95 万元 + 盈利 × 80%）× 2.5%，以（95 万元 + 盈利 × 80%）× 75% 为底线。

按表中的风险度看，以前守不住仓位，确实是因为仓量过大，不敢严格按照预定计划止损。因为严格止损的话，损失确实太大了，会动摇操作心态的。

交易中的风险主要来源于两个方面：首先是市场风险，这是任何个人都无法主宰的客观环境。为了尽量避开这种风险，主要通过趋势研判，尽量达到顺势而为。其次是心理风险，这主要来源于投资者本身。很多投资者在交易中总是失败，其实罪魁祸首就是心态失衡。

造成心态失衡的根本原因，大多是没有进行合理的资金管理。即使投资者具备较高的研判成功率，但往往由于仓位过重，导致随后进行了错误的交易，结局便是判断正确，交易错误。

五、仓位决定态度

缠论认为一些最坏的习惯，就是股票不断上涨，就不断加仓，这样一定会出问题。买股票，宁愿不断跌、不断买，也绝对不往上加码。例如：

1996 年，一位朋友，大概是从不到 10 万元开始，当时，可以高比例透资，1：2、1：3 很普通，1：10 也经常见，当时的疯狂，不是现在的人能想象的。在 1996 年的牛市中，他很快就从不到 10 万元变成 2000 多万元，当时，透资的比例也降下来，大概就 1：1 多点，如果当时把所有透资还了，就没有后来的悲剧了。对于他来说，1996 年最后三周一定是最悲惨的，股票从 12 元在三周内急跌到 6 元以下，有人可能要问，那他为什么不先平仓？老人都知道，那次下跌是突然转折，瀑布一样下来的，如果没有走，根本没有走的机会，最后能走的时候，由于快触及平仓点，他的仓位在 6 元多往下一直平下去，根本没有拒绝的可能，证券部要收钱，最后，还了透资，只剩下不到 20 万元，真是一场游戏一场梦，又回到原点。但这还不是最戏剧性的，最悲惨的是，这只股票从他平完仓的当天开始到 1997 年 5 月，不到 5 个月的时间，从 6 元不到一直涨到 30 元以上，成了最大的黑马，这只股票是深圳本地股，后来从 30 多元反复下跌，2005 年跌到了 3 元以下，目前价位在他被开始平仓的位置，6 元多点。

很多喜欢短线重仓者，就算能在股市上赚钱，进入股票市场迟早都被打回原形。因为很多人都只会玩先买后卖的上涨走势类型，对于先卖后买的下跌走势类型，大多数人都不会处理，要么是装鸵鸟，要么是瞎割肉。为什么会出现这种情况呢？因为多数人的仓位管理像一团糨糊似的混乱不堪。

不要害怕下跌，下跌只要坚持先卖后买的节奏，迟早就要到底的，如果有一定技术预判能力，也可以空仓休息一段时间，等止跌了再进来回补仓位。如果没有完备的技术系统，那么先卖后买，下跌多折腾，等上涨过程少折腾，那么迟早就是赚钱的。前提条件就是仓位不要乱，计划买多少股做底仓就是底仓，买多少股做浮动仓位就是浮动仓位，这个比例是必须要提前计划好的，而且一直要遵守纪律。

我们先来做一个简单的传统抛硬币实验，借以说明仓位大小影响收益期望值的稳定性。

假设硬币的正面的概率为 55%，反面为 45%，那么：

（1）如果每次下注 1 元，每次收益期望值 = 55% × 1 – 45% × 1 = 0.1 元。这样下注 10 次才能平均赚得 1 元。

（2）如果每次下注 0.1 元，每次收益期望值 = 0.01 元，这样要下注 100 次才能平均获得 1 元。

（3）如果每次下注 0.01 元，每次收益期望值 = 0.001 元，这样要下注 1000 次才能平均收益 1 元。

虽然这三种情况都能赚 1 元，但这三种情况的风险度完全不一样。有人已经做了一个概率统计，结果如下：

盈利区间（元）	抛 10 次（%）	抛 100 次（%）	抛 1000 次（%）
−10~−8	0.45	0.00	0.00
−8~−6	2.29	0.00	0.00
−6~−4	7.46	0.00	0.00
−4~−2	15.96	0.18	0.00
−2~0	23.40	18.09	0.08
0~2	23.84	68.30	99.85
2~4	16.65	13.35	0.06
4~6	7.63	0.07	0.00
6~8	2.07	0.00	0.00
8~10	0.25	0.00	0.00

　　小仓位顺着行情的方向玩股票或者期货长期下来总会有收益，风险相对小得多。

　　请你拿出计算器计算一下，这三种情况的总赢率和总赔率的大小。

	10 次（%）	100 次（%）	1000 次（%）
总赢率	50.5	82	99.92
总赔率	49.5	18	0.08

总赢率＝所有盈利概率之和

总赔率＝所有失败概率之和

　　我们可以看到，当成功率为 55% 时，在 10 次赢 1 元的情况下，成功的总概率为 50.5%，风险是相当大的。在 100 次赢 1 元时，成功的总概率为 82%，这种情况还可以投机。在 1000 次赢 1 元时，成功概率高达99.92%，可以完全保证长期盈利。

　　走势是千变万化，存在各种可能性的。合理的仓位配置能保证的是即便在你失误操作或误判下，也依然会有应对方案去化解风险。你不会受到资金大幅变动的影响，可以时刻保持心态平和的状态，从而历练出越来越精准的判断。

六、缠中说禅仓位控制法则

缠论认为，做投资无论采用什么样的理论分析，都要对自己的仓位控制非常清楚。那缠中说禅理论中仓位控制是怎样进行的？

对仓位管理的方式，缠论提出了轻重合理调节的管理方式。什么叫轻重合理调节？就是对自己按程序操作的熟练程度来调整，因为，买卖点是必然转折点，只要留有一定余地的振幅保证资金，那么，在熟练的前提下，重仓操作是可以的。特别是在大小级别共振很明显的情况下，如果还在提什么轻仓，就说明自己对缠论操作法理解得不彻底，执行得不自信。

1分钟、5分钟、30分钟买点买入，分别对应的是20%、30%、50%的仓位。一些朋友只会进行机械的记忆，大家应该明白它是一个仓位的动态管理，就好比现在我们看好一只中线股票，要参与它30分钟级别的一段，那就考虑最终的仓位要变成50%，要一直跟它做。但它可能刚开始上升比较急促，没法在第一时间的30分钟买点买到，所以我们是用小级别去养大级别。

小级别养大级别是怎么养的？比如，一只很好的标的，确定它是有30分钟级别的上升段，目前它只是1分钟级别调整到了位置1，如图1-1

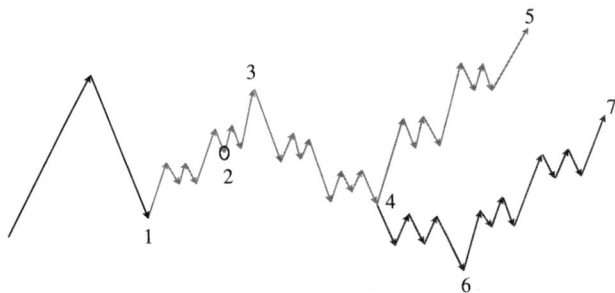

图1-1 1分钟级别调整

所示，但不能直接买 50% 仓位，因为要防止它扩张，那可能先买 1 分钟级别的 20% 仓位，等走到位置 2 这里出现位置 3 买，还可以加 20% 仓位，等这个 1 分钟上涨完成，在位置 3 这里可能减 20% 仓位，留下 20% 作为 30 分钟级别的仓位了，因为成本已经降下来了。

等 5 分钟买点出来，比如位置 4 这里，假如它板块也很好，只是一个技术性回落，调得不是很深，而且很快就完成，那这里仓量加到 50% 也没问题。但如果买入后继续下行，那位置 6 这里还可以加，因为对它中长期是看好的，运行到位置 7 这里可能就减掉。它可能不是马上冲上去的，在发生震荡的时候，就逐步地把底仓加到 50%，留下了底仓，然后再利用波段做 T，比如 5 分钟、1 分钟的买卖点。

也就是说，不是一次性出现一个 30 分钟买点，大家就 50% 仓位买进去，因为要防止它扩张。但如果这个地方只是一个 1 分钟调整，对它的未来很看好，比如做中成股份，就直接 50% 仓位进去，也没有问题，如图 1-2 所示。

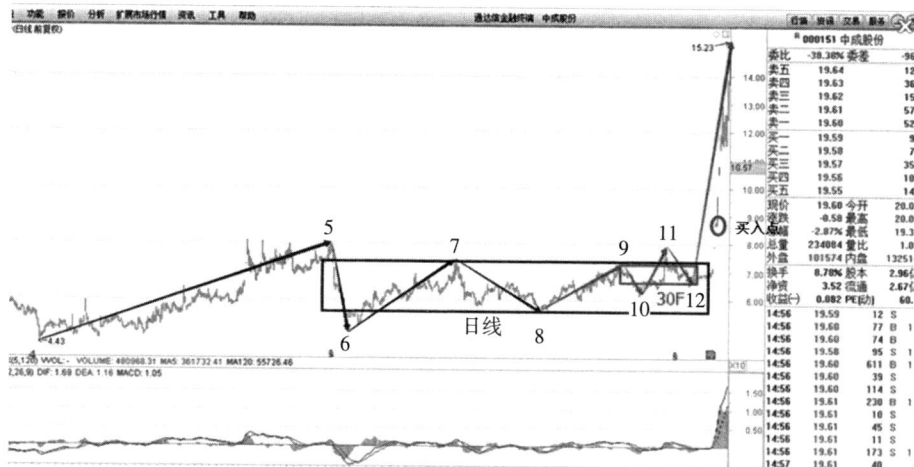

图 1-2　中成股份日 K 线图

有时，虽然只是 1 分钟的上涨过程，但也有可能一下动用 50% 仓位。有时，在大级别的买点位置，可能一下子 70% 甚至是满仓都可以，区别在于对它确定性的高低。

投资者怎么掌握仓位配比的这个度？核心依据是什么？本人的解答就是：依据你的判断和你的目的。在你入场前，你得明确交易的内容是什么。你要的是哪段，你就用什么级别对应什么仓位去做，而不是股票走到哪买多少，因为你的判断不一定准。

短线：假如现在没什么中线标的或者中线行情看不出来，只有短线机会，可能做一下短线 5 分钟或 1 分钟级别的一个上涨，那给它的仓位配置就是 20%~30%，不能突破 30%。因为对短线的判断本身不一定有效，否则我们就不做仓位配置了。

中线：如果判断它具备中线行情，例如，30 分钟级别，那在这个上升段中，它如果不一次给我，我可以用波段做，或者也可以在第一次就加 50% 仓位，然后做 T 降成本，例如，1 分钟、5 分钟。对于中长期标的，要留住 50% 的底仓，用小仓位动态做 T 的主要目的是降成本，拿到每一次的差价。

中线是建立在它具有突变因子、有明显确认的上升段的。这个成长因子是客观存在的，只要有这个客观存在，哪怕它横一年，你也会很有信心，因为它一定给。

总之，掌握基本面突破因子的功力越深，仓位配置得越有效，它绝不是机械，而是动态的。

七、用凯利公式来计算好每次所能用的仓位

缠论认为，凯利公式是仓位控制的神器。

市场不是赌场，市场的操作是可以精心安排的。新朋友也可以再加一层保护伞，用 Kelly 公式（凯利公式）来计算好你每次所能用的仓位，当你买入时，你必须问自己，这是买点吗？这是什么级别的什么买点？

大级别的走势如何？当下各级别的走势中枢分布如何？大盘的走势如何？该股所在板块如何？而卖点的情况类似。你对这股票的情况分析得越清楚，操作才能更得心应手。

大家从自己的交易日志中找出所需要的数值代入进去，就能知道你的每次投资仓位是多少。这公式是世界级的资金管理公式。

$F = ((R+1) \times P - 1)/R$

F——每一笔交易的投入金额。

P——你操作系统的盈利概率。

R——盈亏比，也即盈利交易与亏损交易的比率。

特别在股指期货外汇中比较适用。按此公式操作，理论上两年交易时间，账户将从 1 万元到 1000 万元，这就是禅师所谓的千倍增长。但有个弊端就是：运用凯利公式，当你盈利后，你的交易筹码会越来越多，也就是到一定高点后，一个回撤将是你起步仓位好几倍的速度亏损，用时间来理解的话，你 10 天连续的盈利，可能两天就回到最初了。为此，我们增加了另外一套资金管理系统，那就是固定比例方式，每次进入后的筹码比例是完全固定的，一次性仓位到位后，接下来的唯一工作就是在买卖点的不断短差把筹码成本搞到 0 为止。还有一点至关重要的就是，一旦进入回调，你的筹码比例或许只有 30% 了，而再次回抽时，你的筹码又是 80%，而且每次设定每笔交易的最大回抽比例及最大回撤比例，严格遵守，这就是为失误买卖点加了保护措施。

对于系统交易者，在胜率、盈亏比、回撤率等参数（理论值）知道后，应该可以有一个最佳仓位值。最初，我虽然知道有这样一个"理论最佳仓位"，但我不知道如何求出来。我用了实证的方法。我的交易系统运行了 8 个月，大致形成了一条进二退一的资金曲线，我就在 Excel 上计算，结果进二退一条件下最佳的回撤率是 20%（见图 1-3）。

接着我又计算了其他各种收益率/回撤率的情形，例如，进三退一条件下的最佳回撤率是 30% 等。

通过这些计算，大致得出下列结论：

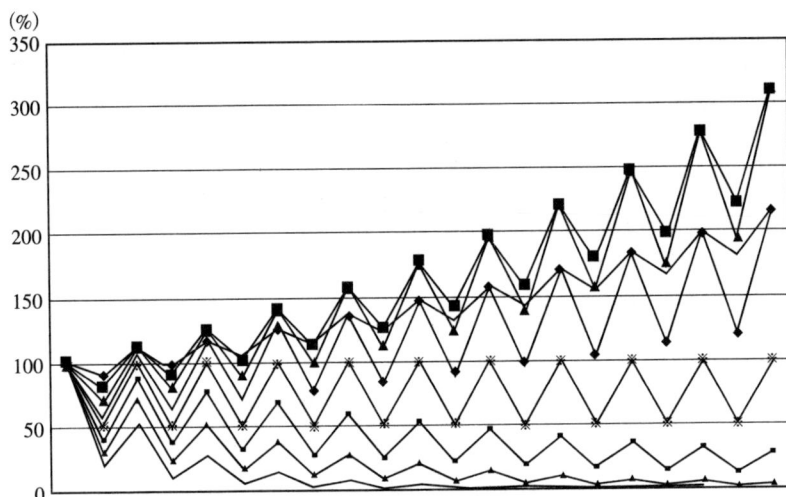

图1-3　进二退一的资金曲线

（1）长期来看，决定投资成败的不是收益率，而是回撤率。

（2）收益率/回撤率由交易系统决定，高收益率对应高回撤率。

（3）对于大多数交易系统，最佳的回撤率通常在20%~30%。

（4）在不确定的情况下，牺牲高收益率换得低回撤率，比追求高收益率对应高回撤率更划算。

（5）回撤率高于50%是危险信号。西西弗神话对应的就是在进二退一条件下回撤率50%的情形。

（6）尽管有一个数学期望值是正的交易系统，不恰当的仓位导致高回撤率，进而导致投资失败是可以用数学计算证明的，而不管收益率多高，只要有回撤，满仓必死。

八、运用右侧法则操作，提高资金运作效率

缠论认为，职业操盘手可以运用右侧法则操作，提高资金运作效率。

职业操盘手绝技——右侧法则，乃股票炒作亘古不变的唯一真理。

所谓右侧法则，简而言之，就是在股票走势的某个顶点的右侧进行买进或者卖出操作。股票走势充其量只有三种基本形态：单向连续性上涨、单向连续性下跌、上下震荡波动。三种走势万变不离其宗，以震荡波动最为常见，原因是主力通过震荡波动能获取远远超越单向上涨的收益，尤其适合弱主力的运作，但超短线资金快速炒作并撤退的例外。这是右侧法则的理论依据和操作价值。以海王生物（000078）4 月 30 日的分时线予以详细介绍，如图 1-4 所示。

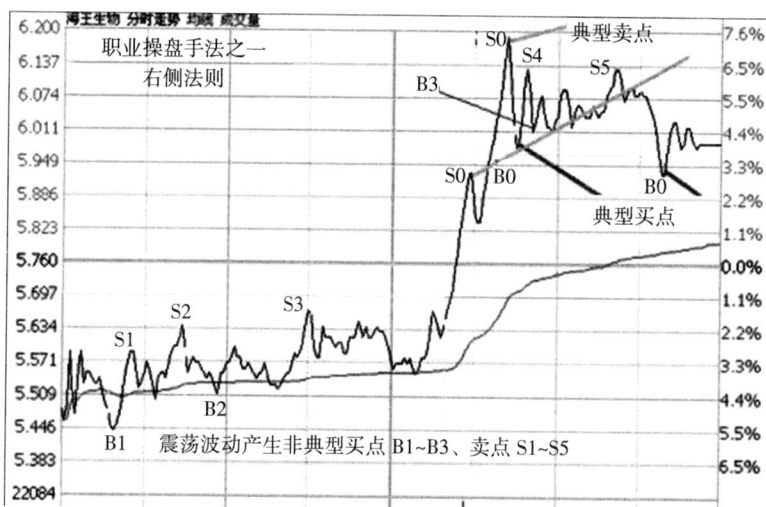

图 1-4　海王生物（000078）的分时线

关键点一：按照右侧法则操作，必须掌握一定的条件，一般是振幅快速超过 3% 以上，如图 1-4 中两个 S0 的典型卖点和两个 B0 的典型买点。如果不能形成快速的 3% 以上振幅，而是形成慢速的 3% 以上振幅，也可以按照典型的右侧法则操作，如图 1-4 中的 B1~S3 就是典型的慢速卖点。慢速买卖点，最典型的走势就是平缓的一路阴跌或者平缓的一路缓慢上涨，如浦发银行 4 月 29 日的分时走势。

但是，庄家主力操盘手经常会在盘中制造一些振幅 3% 以下的快速非典型右侧法则买卖点，散户可以操作，也可以不操作。如图 1-4 中两个蓝色方框内的震荡波动区间，就产生了振幅 2%~3% 的非典型买点 B1~B3、卖点 S1~S5。

关键点二：一定要在顶点出现的右侧操作，绝对不可以在尚未出现顶点之前的左侧操作。任何在顶点左侧买进和卖出均是大错特错的，虽然左侧操作有时候会遇到好运气，但这是错误的操作方法，完全是赌博。当然如果你的软件别出心裁，标新立异，走势是从右往左走的，那就应该改为左侧法则、左侧操作了。

关键点三：右侧法则关键在于如何掌握高抛低吸的时机。那种认为高抛低吸只是纸上谈兵、事后诸葛的人，是完全不理解股票的波动规律的，高点和低点的产生只有一个条件——时间，因此要高抛低吸买卖，最重要的莫过于耐心等待高低点的出现，这不需要技巧，只需要耐心。结合图 1-4 中的形态，假如市场交易规则是 T+0，主力一天会赚多少收益？

关键点四：注意过滤小回档。这是右侧法则中最难把握的学问。如图 1-4 中两个 S0 之间有个回档，这样的回档算比较大了，已经接近 2%，眼明手快的股民可以做高抛低吸的 T+0 了，但动作慢的就会中途被洗掉了，要不就重新追高。这个回档幅度一般掌握在 1%~2%。多数情况下，主力在拉升中回档幅度不会大于 1%，强势拉升一般不会给散户高抛低吸做差价的机会。

关键点五：及时补仓。右侧法则操作的主要目的是为了提高资金运作效率，是在持股的前提下提高效率，而不是为了清仓或者建仓。尽管可以按照右侧法则清仓、建仓，但这是另一个问题，而不是右侧法则的宗旨，因此卖出后何时补仓就是又一个关键点，一般可以掌握在卖出价的回调 2% 左右作为补仓目标价，越低越补，但一定要按照右侧法则买入，避免死等或者过早买入，如图 1-4 中的第二个 S0 卖出后可以等到第一个 B0 再买入，价差达到了 4%。

此外，右侧法则主要适用于分时走势，但同样适用于更高级别的分钟线、日线图等。

以上几个关键点：归纳则为右侧、振幅、耐心、果断、过滤。长期亏损的股民朋友，务必细细品味，足以终身受用、受益无穷。

第二章　缠中说禅负成本战法 2：利用短差降低成本

一、学会不断地短差

缠论认为，一定要学会不断地短差，把成本降下来，如果成本比别人高，大波动的时候心态一定很坏，这样不好。

从操作上来说，一定要养成纠错的习惯，市场瞬息万变，每个信息的当下处理最后落实到操作上的结果永远只有两种：对或者错。

当筹码还在你账户的时候，只能算浮盈或者浮亏，最后卖出的时候才是清算成果的时候，这点是大部分投资者很难真正明白的。

一般的投资者看到市值起来了就犯晕，看到市值下去了就砍仓，白白浪费了这些持仓的时间。

持仓的时间本质上就是纠错的最好时机，即使你浮盈了，依然需要纠错，成本一日不为零，纠错就一日不能终止——这是缠论曾经教过的最核心的操作策略了。

二、短差与仓位的艺术管理

进这市场，光念叨着有技术，有好的交易系统，有很好的时空预测等都是有形而无意的。因为无论何品种，能执行交易才是最基本的。"0"成本持股不是口号，而是某特定级别的次级别短差交易模式，能给你带来复利，也能更好地防止行情突变的可能。因此，短差是一个盘手的基本功，必须刻苦练习。狼性交易员、魔鬼操盘手都必须经历这个训练模式，这是为你交易生涯奠定最扎实的基础。市场所需技术其实简单，就搞明白一分型及是否延续成笔就可操作，问题是你是否具备良好的操作习惯和对应的操作策略。

与其每天追求一套完美分析预测的方法，不如多进行买卖操作能力的修为。对一个短差而言，判断行情方向和幅度的正确与否不是最重要的，最重要的是"即时处理单子的能力"。你得知道何种情况下，采用什么样的手法，以什么样的速度和节奏，在什么样可能最有利的位置和时机买入卖出，什么时候应该入场，什么时候应该离场观望，如何有效控制亏损，如何最大程度地保有和扩大利润与市场共舞，如何挂单得到最有利成交点位，在挨套亏损之后如何迅速调整身心状态，这些都是所有操作者应对任何品种都需要的重要基础能力。"即时处理单子能力"中仓位管理会显得极其重要。这市场的行为就是买进卖出的行为，也即仓位与资金的比例轮换过程。

大家都知道禅门从不关心基本面、消息面、政策面等，因为在市场最现实直接的方式就是"即时处理单子能力"也即短差，短差是当下即时操作的一种能力，所以只要专注于市场当下的盘面即可。甚至于你在做的是什么品种都无须关心。只要看到有K线图的，分型成立能延续出笔就抛除原方向，进入新行情方向操作，也就是大级别买点介入的，在次级别第一类卖点出现时，先减仓，其后在次级别第一类买点出现时回补。

　　运用的也就是纯技术分析系统，这在本门理论中只是三个独立的系统之一，但技术分析系统之所以重要，就是因为对于一个完全没有消息的散户来说，这是最公平、最容易得到的信息，技术走势是完全公开的，对于任何人来说，都是第一手、最直接的，这里没有任何的秘密、先后可言。技术分析的伟大之处就在于，利用这些最直接、最公开的资料，就可以得到一种最可靠的操作依据。单凭对技术分析的精通与资金管理的合理应用，就完全可以长期有效地战胜市场。对于一般的投资者来说，如果希望切实参与市场之中，这是一个最稳靠的基础。

　　有人会说我操作的是中长线，不需要短线能力，试问你想吃一大碗饭，难道不是一口一口吃的吗？那我们都是短差模式操作，有的股票一持有就是几年的时间又做何理解呢？其实道理很简单，禅论讲究的是级别，假如你在 30 分钟短差能力很强了，那你完全可以进入到月线级别做短差。我们从来没有什么中长线概念。禅论玩的就是相对级别的特定短差模式，也就是在既定级别情况下在正确对应的买卖点进出场。只是短差所对应的级别不同而已，操作的手法模式基本千篇一律。

　　短差涉及两大因素：技术形态与仓位管理，后者也即资金的管理。其实这才是交易策略内的重中之重。在市场的成熟过程也是一种自我修养的完善过程，只有练好自己的独特交易模式，才能不依赖于别人。市场不单单是为挣钱而存在的，市场是一个最好的修炼自己的地方，这才是市场最大的益处。战胜市场，其实就是战胜自己的贪婪、恐惧、愚蠢。技术分析的最终意义不是去预判市场要干什么，而是市场正在干什么，是一种当下的直观。

　　市场中没有人天生就是胜利者，也没有人天生就与失败为伍。相信自己，无须憋屈自己。理解当下闻、当下见、当下学、当下行，才能进入正闻、正见、正学、正行。对于股市来说，只有走势是当下的。离开走势，一切都与当下无关。一切"闻见学行"，只能依走势而"闻见学行"。不符合当下走势的，都是白搭。由此，入股市者，首先就要在当下的走势中磨炼。当下的走势就是一切，一切股市的秘密就在其中。这秘密是大道，没有任何的遮掩，对任何人都一视同仁、明明白白地彰显。

资金管理也即如何实现正向稳健增长。市场有风险，而其实唯一的风险就是你投入的钱在后面的时刻不能用相应的筹码换成更多的钱。但任何的筹码，本质上都是废纸，以零以上的任何价格进行的任何交易都必然存在风险，也就是说，都可能导致投入的钱在后面的某一时刻不能换回更多的钱，所以，交易的风险永远存在。那么，有什么样的可能，使得交易是毫无风险的？唯一的可能，就是你拥有一个负成本的筹码。什么是真正的高手、永远不败的高手？就是有本事在相应的时期内把任何的筹码变成负成本、负价格的人。所以对于真正的高手，交易什么其实根本不重要。只要市场有波动，就可以把任何的筹码在足够长的时间内变成负成本。本短差理论，本质上只探讨一个问题，如何把任何价格的筹码，最终都使其成本在足够长的时间内变成负数。

真正的操作者，都有一套操作的原则，按照原则来，操作其实很简单，一个基本的原则就是，任何走势，无论怎么折腾，都逃不出这个节奏，就是底、顶以及连接两者的中间过程。因此，在两头的操作节奏就是走势中枢震荡。只是底的时候要先买后卖，顶的时候要先卖后买，这样更安全点。至于中间的连接部分，就是持有。当然，对于空头走势，小板凳就是一个最好的持有，一直持有到底部构造完成。相对日内短差就是早盘若先回调，那就先借仓买入，拉升后找机会跑路，若早盘先拉升，那就在特定级别的卖点出现就先离场一定比例筹码，等要回抽时接回筹码。

假如你的资金有一定规模，那么你可以设定某个量的筹码按某个级别来分解操作，另一个量的筹码按另一个更大级别来分解操作。这样不断地机械操作下去，成本就会不断减少，而这种机械化操作的力量是很大的。

全仓操作的处理方法，如果筹码较多，那么当包含最后一个30分钟走势中枢第三类买点那5分钟向上走势类型的最后一个5分钟走势中枢出现第三类卖点，就必须先出一部分，然后不出现三卖转二买或扩展背离背驰等情况就全部砸出所有筹码。当然，如果没有出现这种情况，就可以回补，权当弄了一个短差。那为什么 1 分钟背驰的时候不出去？这与假定操作的级别相关。不可能按 30 分钟操作，而一见到 1 分钟顶背驰就全部扔掉，这就变成按 1 分钟级别操作了。如果资金量与操作精度能按 1 分钟操作，那就没必要按 30 分钟操作。而按 1 分钟操作，操作的程序和按 30 分钟的是一样的，唯一区别就是相应的级别不同而已。

对于有一定量的资金来说，任何的市场波动，都可以为这种让成本最终变成负数的活动提供正面的支持，无论是先买后卖还是先卖后买，效果是一样的。但很多人就只会单边运动，不会来回动，这都是坏习惯。市场无论涨还是跌，对于你来说永远是机会，永远可以在买卖之中。只要有卖点就要卖出；只要有买点就要买入。唯一需要控制的只是买卖的量而已。级别的意义，其实只有一个，基本只和买卖量有关，日线级别的买卖量当然比 1 分钟级别的要多多了。对于任何成本为正的股票，永远不能信任，只有一个想法就是要尽快搞成负数的。

如果震荡操作水平比较好，就利用分型笔的（1，0）后必然出现的震荡进行短差操作。由于都是先卖后买，所以如果发现市场选择了（-1，1），那么最后一次就不回补了，完全退出战斗。

在短差操作里面时刻回想买点定律：大级别的第二类买点由次一级别相应走势的第一类买点构成。如果资金量不那么巨大，就要熟练短差程序：大级别买点介入的，在次级别第一类卖点出现时，可以先减仓，其后在次级别第一类买点出现时回补。这样才能提高资金的利用率。

其实股票是无须选择的。唯一值得选择的，就是看其是否具备波幅区间，而这个是不能完全预测的。当然，对于资金量小的投资者，完全可以全仓进出，游走在不同的筹码之间。这样的效率当然是最高的。无论庄家是向上还是向下都只能为本理论制造把成本摊成负数的机会，他无论干什么都没用。一笔足够长的钱加上本理论短差的熟练运用 = 战无不胜。

三、缠中说禅短差操作的可行性理论

其实，可以用严格的方法证明缠中说禅第一利润最大定理：对于任何固定交易品种，在确定的操作级别下，以上缠中说禅操作模式的利润率最大。

该模式的关键只参与确定操作级别的盘整与上涨，对盘整用中枢震荡方法处理，保证成本降低以及筹码不丢失。成本为 0 后是筹码增加，当然，对于小级别的操作，不会出现成本为 0 的情况。在中枢第三类买点后持股直到新中枢出现继续中枢震荡操作，中途不参与短差。最后，在中枢完成的向上移动出现背驰后抛出所有筹码，完成一次该级别的买卖操作，等待下一个买点出现。

1. 短差操作仓位

在中枢震荡中，本质上是应该全仓操作的，也就是在中枢上方全部抛出筹码，在下方如数接回，当然，这需要高的技术精度，如果对中枢震荡判断错误了，就有可能抛错了。所以对不熟练的，可以不全仓操作。但这有一个风险，就是中枢震荡后，不一定就能出现第三类买点，可以直接出现第三类卖点就下跌，这在理论与实际中都是完全允许的。这样，如果在中枢震荡上方没完全走掉，那有部分筹码就可能需要在第三类卖点处走，从而影响总体利润。如果完全按照以上缠中说禅操作模式，就不存在这个问题了。至于能否达到缠中说禅操作模式的要求，是技术精度的问题，是需要在实际中磨炼的问题。

2. 短差操作方法——换股与不换股

以上的方法是对固定操作品种来说的，也就是不换股。还有一种更激进的操作方法，就是不断换股，也就是不参与中枢震荡，只在第三类买点买入，一旦形成新中枢就退出。例如，操作级别是 30 分钟，那么中枢完成向上时一旦出现一个 5 分钟向下级别后下一个向上的 5 分钟级别走势不能创新高或出现背驰或盘整背驰，那么一定要抛出，为什么？因为后面一定会出现一个新的 30 分钟中枢，用这种方法，往往会抛在该级别向上走势的最高点区间。当然，实际上能否达到，那是技术精度的问题，是需要干多了才能干好的。

3. 理论厉害之处——看看你到底是在修炼什么

显然，对于大资金，以上的方法需要有特殊的处理，资金越大，利润率显然越低，因为很多级别的操作不可能全仓参与，影响资金的总体利用率。一般来说，小资金增长可以极为迅速，无论牛市熊市，最笨的人，完全随机挑股票，完全找不到所谓的黑马，每年保持 200% 以上利润是一点问题都没有的。如果你技术精度高，即使在熊市里，每年来个 500% 的增长，也是不难的，因为熊市里，中枢震荡的机会反而多，而且大反弹，本质上也就是大级别中枢震荡的机会不少，处理好了，并不比牛市来钱慢。但这种增长只能维持几年，一旦资金大到一定程度，就会遇到资金增长瓶颈。如何突破该瓶颈，这是另一个问题，以后会说到。

四、缠中说禅的短差程序

1. 缠中说禅短差程序

大级别买点介入的，在次级别第一类卖点出现时，可以先减仓，其后在次一级别第一类买点出现时回补。

2. 缠中说禅短差程序的理解

该程序的定量为 10 亿元以下的资金都可以用这种程序，该程序定性为区间套的一种运用。首先要有清晰的级别概念，然后是对买卖点正确的分辨。缠中说禅走势终完美与缠中说禅走势中枢都是为了精确定义买卖点服务的，也就是对买、卖、持三种操作方式分界点的技术分类。

10月23~25日是见仓期，第一波上去后，11月8日减了一半，后来在60天线附近一路回补，加仓是在12月6日、7日两天，比第一次买的，加了1/2的仓位。这里的理由除了第二类买点，还有一个现在没说到的，就是三角形整理的第五波末段。该走势十分标准，自己去研究一下。昨天根据5分钟线的背驰出了大半，把剩下的成本是0了。特别是认沽，第一轮上去都会这样减仓操作，只持有成本是0的仓位等待第二波，第二波是否有，这已经问题不大了，这样就绝对立于不败之地了。

三角形的判别不看均线，直接看图形。11月8日到12月7日，是一个完美的三角形，这刚好是一个时间周期点。

好好研究一下038004日线的第二类买点构成，这是一个用三角形构造第二类买点的完美例子，如图2-1所示。

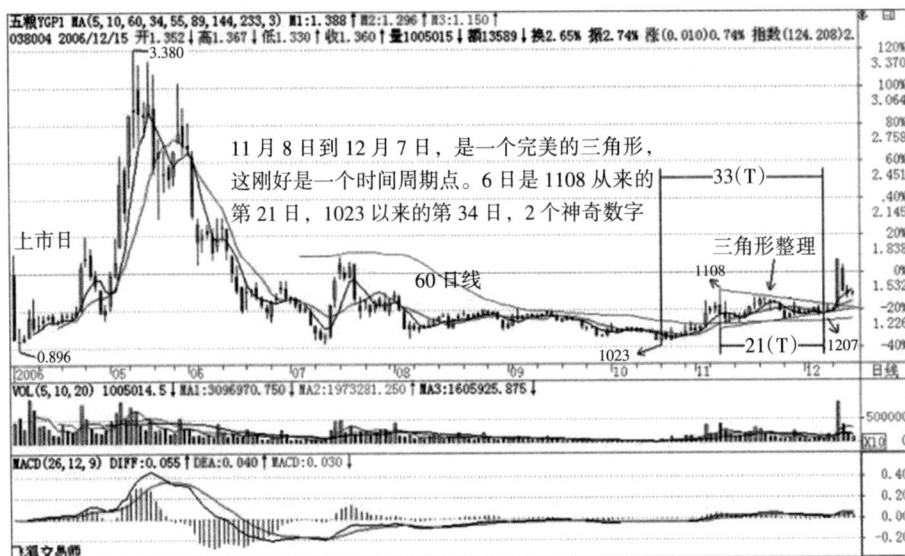

图2-1 用三角形构造第二类买点

必须先引入缠中说禅走势中枢的概念：某级别走势类型中，被至少三个连续次级别走势类型所重叠的部分，称为缠中说禅走势中枢。换言之，缠中说禅走势中枢就是至少三个连续次级别走势类型重叠部分所构成。这里有一个递归的问题，就是这次级别不能无限下去，按照量子力学，物质之分是有极限的，同样，级别之次也不可能无限，在实际之中，对最后不能分解的级别，其缠中说禅走势中枢就不能用"至少三个连续次级别走势类型所重叠"定义，而定义为至少三个该级别单位 K 线重叠部分。一般来说，对实际操作，都把这最低的不可分解级别设定为 1 分钟或 5 分钟线，当然，也可以设定为 1 秒钟线，但这都没有太大区别，如图 2-2 所示。

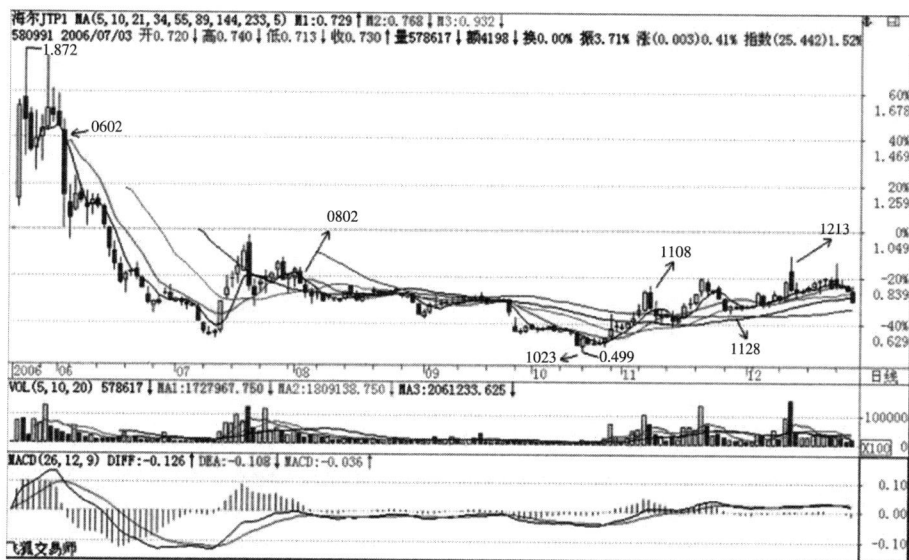

图 2-2　海尔 JTP1 图

有了上面的定义，就可以在任何一个级别的走势中找到"缠中说禅走势中枢"。有了该中枢，就可以给"盘整""趋势"给出一个最精确的定义。

缠中说禅盘整：在任何级别的任何走势中，某完成的走势类型只包含一个缠中说禅走势中枢，就称为该级别的缠中说禅盘整。

缠中说禅趋势：在任何级别的任何走势中，某完成的走势类型至少包含两个以上依次同向的缠中说禅走势中枢，就称为该级别的缠中说禅趋势。该方向向上就称为上涨，向下就称为下跌。

那么，是否可能在某级别存在这样的走势，不包含任何缠中说禅走势中枢？这是不可能的。因为任何图形上的"向上+向下+向上"或"向下＋向上＋向下"都必然产生某一级别的缠中说禅走势中枢，没有缠中说禅走势中枢的走势图意味着在整张走势图形上只存在两个可能，就是一次向下后永远向上，或者一次向上后永远向下。要出现这两种情况，该交易品种必然在一定时期交易后永远被取消交易，而这里探讨走势的一般情况，其前提就是该走势可以不断延续下去，不存在永远取消交易的情况，所以，相应有"缠中说禅技术分析基本原理二"：任何级别任何完成的走势类型，必然包含一个以上的缠中说禅走势中枢。

由原理一、原理二以及缠中说禅走势中枢的定义，就可以严格证明。

缠中说禅走势分解定理一：任何级别的任何走势，都可以分解成同级别"盘整""下跌"与"上涨"三种走势类型的连接。

缠中说禅走势分解定理二：任何级别的任何走势类型，都至少由三段以上次级别走势类型构成。

这些证明都很简单，就和初中几何的证明一样。由上面的原理和定理，就可以严格地给出具体操作唯一可以依赖的两个坚实的基础。因为某种类型的走势完成以后就会转化为其他类型的走势，对于下跌的走势来说，一旦完成，只能转化为上涨与盘整，因此，一旦能把握下跌走势转化的关键节点买入，就在市场中占据了一个最有利的位置，而这个买点，就是前面反复强调的"第一类买点"；而因为无论是趋势还是盘整在图形上最终都要完成，所以在第一类买点出现后第一次次级别回调制造的低点，是市场中第二有利的位置，为什么？因为上涨和盘整必然要在图形上完成，而上涨和盘整在图形上的要求，是必须包含三个以上的次级别运动，因此后面必须还至少有一个向上的次级别运动，这样的买点是绝对安全的，其安全性由走势的"不患"而保证，这就是在前面反复强调的第二类买点。买点的情况说了，卖点的情况反之亦然。

综上所述，就不难明白为什么反复强调这两类买卖点了。因为这两类买卖点是被最基础的分析所严格保证的，就如同几何中严格定理一样，只要找准了这两类买卖点，在市场的实际走势中是战无不胜的，是波涛汹涌的市场中最坚实的港湾。关于该两类买卖点与走势及上述原理、定理间密不可破的逻辑关系，必须切实理解体会，这是所有操作中最坚实、最不能混淆的基础。

由上面的原理、定理，就可以继续证明前面已经说过的缠中说禅买卖点定律一：任何级别的第二类买卖点都由次级别相应走势的第一类买点构成。

这样，就像前面曾说过的，任何由第一、第二类买卖点构成的缠中说禅买卖点，都可以归结到不同级别的第一类买卖点。由此得到缠中说禅趋势转折定律：

任何级别的上涨转折都是由某级别的第一类卖点构成的；任何的下跌转折都是由某级别的第一类买点构成的。

注意：这里某级别不一定是次级别，因为次级别里可以是第二类买卖点，而且还有一种情况，就是不同级别同时出现第一类买卖点，也就是出现不同级别的同步共振，所以这里只说是某级别。

以上对技术分析的理论构建，是为纷繁的技术分析找到一个坚实的理论基础，由这些原理、定理，可以继续引申出不同的定理。这些定理，都是抛开一切偶然因素的，而实际的操作，必须建立在此之上，才会长期立于不败之地。

这些问题以后还要逐步展开，这里先分析一下前面已经让各位思考的两个例子，让各位对趋势、级别、走势中枢等概念有一个感性的认识，毕竟上面抽象的方法并不是每个人都能理解的，如图 2-3 所示。

驰宏锌锗：为什么从 2004 年 6 月 2 日到 2005 年 7 月 27 日，构成标准的"下跌＋盘整＋下跌"的走势，而类似的图形在 580991 上不算，这唯一的原因就是因为后者在日线的下跌中并不构成日线级别的缠中说禅走势中枢，而在 30 分钟线上，这个中枢是明确的。所以 580991 只构成 30 分钟级别上的"下跌＋盘整＋下跌"。

其后的上涨，对 600497 驰宏锌锗，2005 年 7 月 27 日到 10 月 25 日，明确地出现在日线上的上涨走势。为什么？因为在日线上明确地看到两个缠中说禅走势中枢。而 580991 从 2006 年 10 月 23 日到 12 月 13 日，只

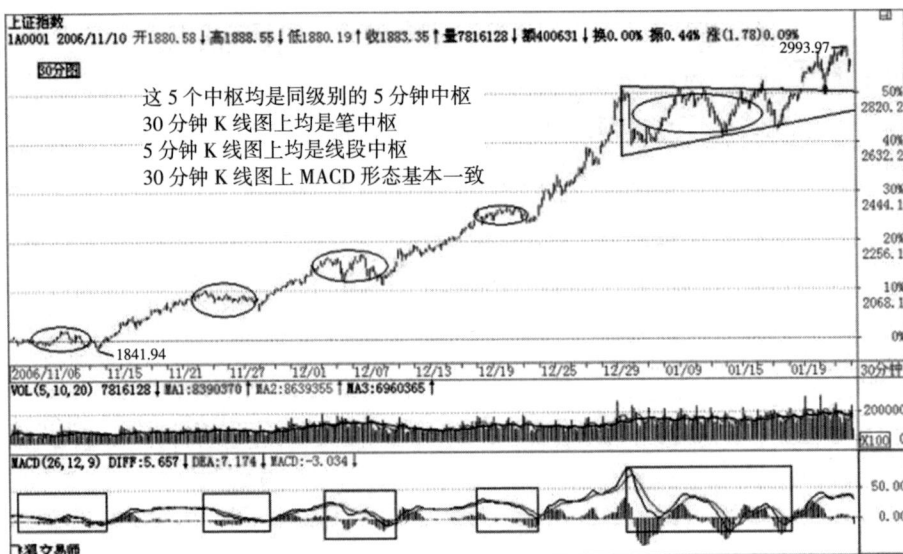

这5个中枢均是同级别的5分钟中枢
30分钟K线图上均是笔中枢
5分钟K线图上均是线段中枢
30分钟K线图上MACD形态基本一致

图2-3　上证指数30分钟K线图、5分钟K线图

构成日线上的盘整走势。为什么？因为在日线上明确地看到一个缠中说禅走势中枢。

两者技术力度上有如此区别的原因就是上面两个：①"下跌+盘整+下跌"走势的出现级别不同，一个是日线，一个是30分钟线。②其后的第一段走势，一个是日线上涨，一个是日线盘整。

缠中说禅走势中枢：某级别走势类型中，被至少三个连续次级别走势类型所重叠的部分。具体计算以前三个连续次级别的重叠为准，严格的公式可以这样表示：次级别的连续三个走势类型A、B、C，分别的高、低点是a1/a2、b1/b2、c1/c2。则中枢的区间就是（max（a2，b2，c2），min（a1，b1，c1）），而实际上用目测就可以，不用这么复杂。

注意：次级别的前三个走势类型都是完成的才构成该级别的缠中说禅走势中枢，完成的走势类型，在次级别图上是很明显的，根本就不用再看次级别下面级别的图了。

缠中说禅盘整：在任何级别的任何走势中，某完成的走势类型只包含一个缠中说禅走势中枢，就称为该级别的缠中说禅盘整。

缠中说禅趋势：在任何级别的任何走势中，某完成的走势类型至少包含两个以上依次同向的缠中说禅走势中枢，就称为该级别的缠中说禅趋势。该方向向上就称为上涨，向下就称为下跌。

注意：趋势中的缠中说禅走势中枢之间必须绝对不存在重叠。

缠中说禅技术分析基本原理一：任何级别的任何走势类型终要完成。

缠中说禅技术分析基本原理二：任何级别任何完成的走势类型，必然包含一个以上的缠中说禅走势中枢。

缠中说禅走势分解定理一：任何级别的任何走势，都可以分解成同级别"盘整""下跌"与"上涨"三种走势类型的连接。

缠中说禅走势分解定理二：任何级别的任何走势类型，都至少由三段以上次级别走势类型构成。

由定义知道，"缠中说禅走势中枢"的产生原因以及判断标准，也就是其"生"问题已经解决，那余下的就是其"住、坏、灭"的问题。也就是说，一个"缠中说禅走势中枢"是如何"维持"以及最终被"破坏"进而废弃的。先考虑其"维持"的问题。维持"缠中说禅走势中枢"的一个充分必要条件就是任何一个离开该中枢的走势类型都必须是次级别以下的并以次级别以下的走势类型返回，该问题很容易证明，因为无论是离开还是返回，只要是同级别的走势类型，就意味着形成新的"缠中说禅走势中枢"，这与原中枢的维持前提矛盾。

注意：2007 年 6 月前说的 30 分中枢，相当于后期的 5 分中枢；日线中枢相当于后期的 30 分中枢；5 分中枢相当于后期 1 分中枢；1 分中枢相对于后期的 1 分图笔中枢。

3. 13 的下一个神奇数字是 21

最基础的无非两方面：①中枢；②走势类型及其连接。这两方面相互依存，如果没有走势类型，中枢也无法定义；而没有中枢，走势也无法分出类型。如果理论就此打住，那么一个循环定义就不可避免。要解决该循环，级别的概念是不可缺少的。有了级别，一个严格的递归式定义才可以展开。

所谓的最低级别，就如量子力学的量子概念，物理世界不是想当然地无限连续的，而市场的交易同样如此。最严格去定义，每笔的交易是最低级别的，连续三笔相同价位的交易，就构成最低级别的中枢。有一个最低级别中枢的走势，就是最低级别的盘整走势类型；有两个最低级别中枢的走势，就是最低级别的趋势走势类型，如果第二个中枢比第一个高，那就是上涨走势类型，反之就是下跌走势类型。一般来说，假设依次存在着 N（N>2）个中枢，只要依次保持着第 N 个中枢比 N-1 个高的状态，那么就是上涨走势类型的延续；依次保持着第 N 个中枢比 N-1 个低的状态，就是下跌走势类型的延续。显然，根据上面的定义，在最低级别的上涨里，只要也只有出现依次第 N 个中枢不再高于即等于或低于第 N-1 个的状态，才可以说这最低级别的上涨结束。最低级别下跌的情况与此相反。

上面就用最低级别的中枢把走势在最低级别上进行了完全分类，而三个连续的最低级别走势类型之间，如果发生重叠关系，也就是三个最低级别走势类型所分别经过的价格区间有交集，那么就形成了高一级别的缠中说禅中枢。有了该中枢定义，依照在最低级别上的分类方法，同样在高级别上可以把走势进行完全的分类，而这个过程可以逐级上推，然后就可以严格定义各级别的中枢与走势类型而不涉及任何循环定义的问题。但如果按严格定义操作，必须从最低级别开始逐步确认其级别，太麻烦也没多大意义，所以才有了后面 1 分钟、5 分钟、15 分钟、30 分钟、60 分钟，日、周、月、季、年的级别分类。在这种情况下，就可以不大严格地说，三个连续 1 分钟走势类型的重叠构成 5 分钟的中枢，三个连续 5 分钟走势类型的重叠构成 15 分钟或 30 分钟的中枢等。在实际操作上，这种不大严格的说法不会产生任何原则性的问题，而且很方便，所以就用了，对此，必须再次明确。

以上这些，都在前面反复提到，但很多人好像还是糊涂，不妨最后再说一次。显然，站在任意一个固定级别里，走势类型是可以被严格划分的。例如，说一个 5 分钟的走势类型，显然不可能包含一个 30 分钟的中枢，因为按定义，一个单独的 5 分钟走势类型无论如何延续，也不可能出现一个 30 分钟的中枢。要形成一个 30 分钟的中枢，显然只能是 3 个以上 5 分钟走势类型的连接才可能。走势类型与走势类型的连接，这两个概念不可能有任何含糊的地方。5 分钟走势类型，必须包含也最多包含 5 分钟级别中枢，至于是 1 个还是 5 个，都不影响是 5 分钟走势类型，只不过可被分类成是 5 分钟级别的盘整类型还是趋势类型而已。

注意：走势是客观的，而用什么级别去分析走势却是主观的。根据缠中说禅走势分解定理一，任何级别的任何走势，都可以分解成同级别"盘整""下跌"与"上涨"三种走势类型的连接，那么就意味着，按某种级别去操作，就等于永远只处理三种同一级别的走势类型及其连接。还是上面 a + B + b 的例子，站在 5 分钟级别的角度，这里有三个走势类型的连接，站在 30 分钟级别的角度，就只有一个走势类型。那么，前面反复说的，确定自己操作的级别，就是确定自己究竟是按什么级别来分析、操作。例如，5 分钟级别上下上三段，意味着在 5 分钟级别上有 2 个底背驰、2 个顶背驰，按买点买、卖点卖的原则，就有 2 次的完整操作；而按 30 分钟级别看，这里就没有买卖点，所以就无须操作。

根据缠中说禅走势分解定理，很容易就证明缠中说禅买卖点级别定理：大级别的买卖点必然是次级别以下某一级别的买卖点。

例如，以 30 分钟级别为操作标准的，就可用 30 分钟级别的分解进行操作，对任何图形，都分解成一段段 30 分钟走势类型的连接，操作中只选择其中的上涨和盘整类型，而避开所有下跌类型。对于这种同级别分解视角下的操作，永远只针对一个正在完成着的同级别中枢，一旦该中枢完成，就继续关注下一个同级别中枢。

注意：在这种同级别的分解中，是不需要中枢延伸或扩展的概念的，对 30 分钟来说，只要 5 分钟级别的三段上下上或下上下类型有价格区间的重合就构成中枢。如果这 5 分钟次级别延伸出 6 段，那么就当成两个 30 分钟盘整类型的连接，在这种分解中，是允许"盘整 + 盘整"情况的。以前说不允许"盘整 + 盘整"是在非同级别分解方式下的，所以不要搞混了。

第三章 缠中说禅负成本战法 3：
用震荡、盘整降低成本

一、震荡、盘整与降低成本

（1）震荡是好事，震荡正是短差最好的机会，对于节奏好的人，越震荡成本越低，最好天天震。先卖后买，先买后卖，根据向下向上段的节奏来，这是市场考验的机会。技术好的，见到震荡就高兴，成本又可以降下来；否则就是坐电梯，上上下下享受。

（2）大盘震荡，有些个股反而会大幅上涨，个股就按个股走势看，在这种震荡中，充分利用本理论来操作，是一个最好的选择。

（3）盘整总占大多数的交易时间，不会利用盘整，基本还是属于不入流的。在盘整中，绝对不能小看小级别的背驰，特别是那种离开中产生的背驰。

（4）盘整背驰一定要防止变成第三类买卖点，这要配合大级别综合看。例如，一个 30 分钟上的下跌刚开始破位，那 5 分钟上的盘整背驰就转化为第三类卖点的概率 99% 了。所以这种盘整背驰，一般都没必要参与。如果 30 分钟是刚开始上涨的，5 分钟向下的盘整背驰反而是一个好的买点了。

（5）对小资金来说，最重要的就是不能参与太长时间的盘整。技术上，三角整理已经接近尾声，但这种图形，如果坐庄，一定狠狠往下跳水洗一次盘，把所有人都洗出来，再反手往上。

（6）盘整就要敢抛敢买，一旦出现第三类卖点进入破位急跌，就要等跌透，有一点级别的背驰再进入，这样才能既避开下跌，又不浪费盘整的震荡机会。

（7）一个周线中枢的形成，怎么都弄好几个月，但真正的杀手，盘整就是天堂，盘整往往能创造比上涨更大的利润，抛了可以买回来，而且可以自如地在各板块中活动，但能达到这种境界，必须刻苦地学习与训练。

（8）不要当死多，要充分利用自己可以把握的级别震荡去减低成本。死多，最后往往就是上上下下坐电梯，没意义。

（9）在震荡中，要注意千万别追高。操作上一定要记住，只要是赚钱卖的，就无所谓对错，这么多股票，总能找到股票有更好的买点，没必要在一棵树上吊死。

二、震荡市将持股成本做低的技巧

只要有波动就会有钱赚。很多时候大盘指数即使在下跌趋势里，仍然有不少的朋友赚了钱。这里说说两个波段小技巧。

1. 先进后出型

从技术形态上，高度确定个股将在当天的行情里反弹，而且空间不会小于5%，那么就适合在采取开盘不久的惯性下跌中买进和持仓数量相等的筹码，然后耐心等待股票价格反弹上涨，临近收盘时抛售仓中前期股票，短差收益完成，如图3-1所示。

这样的操作方式要分清几个不同情况：

（1）前一天个股和大盘恐慌杀跌，而且幅度比较深。

（2）确认不是问题股，不是雪崩股，否则不可操作。

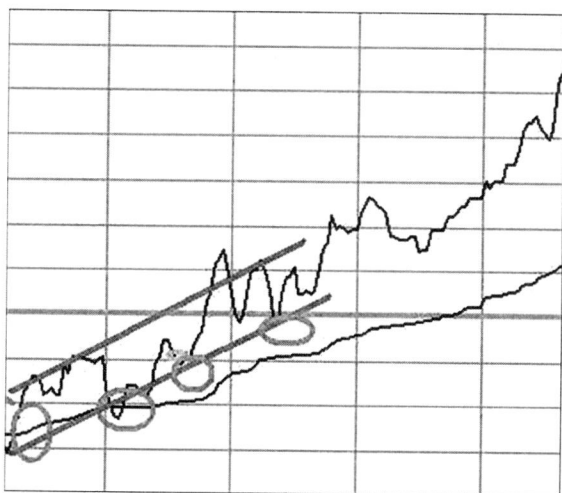

图 3-1　分时线最低价上行、最高价上行

（3）有一定的运行规律和节奏，并被自己所掌握。

（4）必须是在当日行情里构筑稳步上升的趋势，前 30 分钟的分时图低点逐步上涨。

2. 先出后进型

必须确定这样的个股已经进入一个短期下跌周期，基本上属于单边下跌的趋势。一字形破位杀跌股、雪崩股等，可以采取这个方法操作。这种操作分两种情况：

（1）当天买回型。早盘逢高出掉，下午收盘时候买回。这样的特点就是减少套牢成本或者是赚取更多的筹码。如果确定大盘趋势和个股趋势次日还会下跌，那么这样的方法可以重复使用，如图 3-2 所示。

（2）下跌趋势发生初期卖出，下跌趋势即将完全结束末期买回，如图 3-3 所示。

一般来讲，按照这样的方式操作，就能避免自己在下跌中处于被动挨打的状况，在震荡市和熊市中，这样的操作手法需要经常使用，当然，这些操作手法必须有非常灵活的思路和准确的判断。

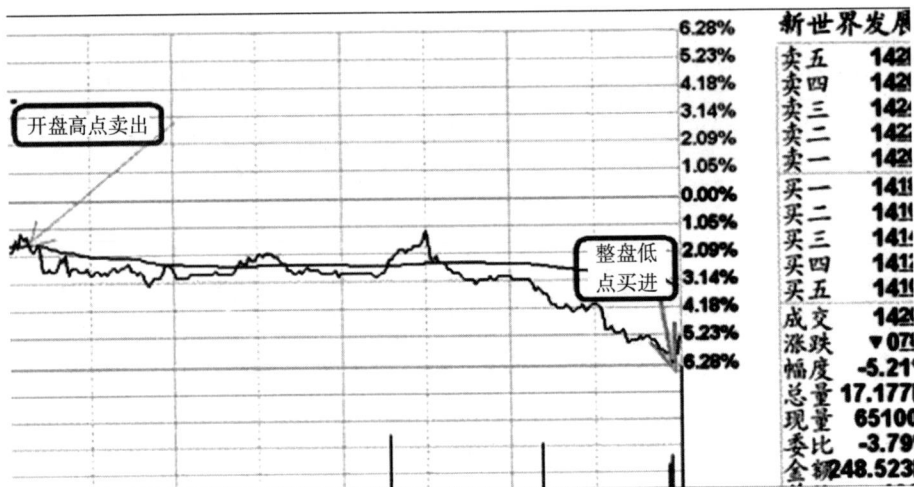

图 3-2　先高位卖出，后低位买进

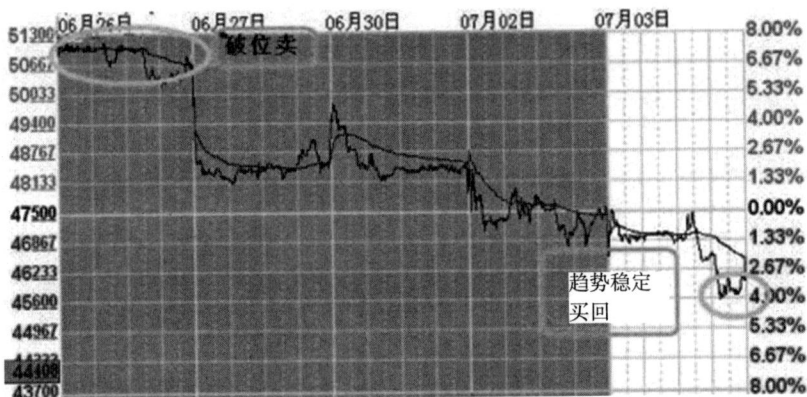

图 3-3　下行段长空

"某某股的历史最低价格是七八元，为什么你的成本是负几元了啊？"

原因很简单：

第一，使用了以上这些手法操作。

第二，长期持股享受上市公司的不断分红派现。让持股成本负数化，你也做得到。

三、中枢震荡监视器

中枢震荡，最终一定以某级别的第三类买卖点结束。但问题是，如何预先给出有参考价值的提示，也就是如何去监控这震荡是在逐步走强，还是在逐步走弱，这是一个有操作价值的问题。当然，顺便地，可以为每次的震荡高低点的把握给出一个大致的区间。

一个中枢确立后，中枢区间的一半位置，称为震荡中轴 Z。而每一个次级震荡区间的一半位置，依次用 Zn 表示，当然，最标准的状态，就是 Zn 刚好就是 Z，但这是很特殊的例子。

显然，Zn 在 Z 之上，证明这个震荡是偏强的，反之偏弱。震荡的中枢区间是 [A，B]，那么，A、Z、B 这三条直线刚好是等距的，Zn 的波动连成曲线，构成一个监视中枢震荡的技术指标，如图 3-4 所示。

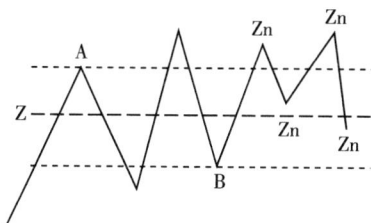

A、Z、B 这三条直线刚好是等距的，Zn 的波动连成曲线，构成一个监视中枢震荡的技术指标

图 3-4　监视中枢震荡

当然，只要有波动，就可以用类似中枢、走势类型之类的手段去分析，不过 Zn 的数量不会过于庞大，不会超过 9 个数据，超过了，次级别就要升级了，所以这样的分析意义不大。

一般来说，这个指标是一个监视。这里，存在着一种必然的关系，就是最终，Zn 肯定要超越 A 或 B，为什么？如果不这样，就永远不会出现第三类买卖点了，这显然是不可能的。

但必须注意，反过来，Zn 超越 A 或 B 并不意味着一定要出现第三类买卖点，也就是说，这种超越可以是多次的，只有最后一次才构成第三类买卖点。不过实际的情况在绝大多数情况下没有这么复杂，一般一旦有这种类似的超越，就是一个很大的提醒，也就是这震荡面临变盘了，如图 3-5 所示。

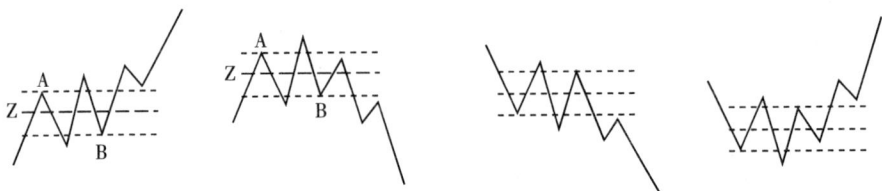

图 3-5　横盘震荡后选择方向

一般来说，如果这超越没有构成第三类买卖点，那么一般都将构成中枢震荡级别的扩展，这没有 100% 的绝对性，但概率是极高的，如图 3-6 所示。

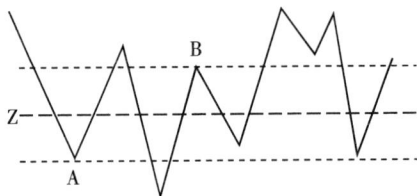

图 3-6　没有百分之百的绝对性

有了这些知识，对于中枢震荡的可介入性，就有了一个大概的范围。对于买来说，一个 Zn 在 Z 之下甚至在 A 之下的，介入的风险就很大，也就是万一你手脚不够麻利，可能就被堵死在交易通道中而不能顺利完成震荡操作，如图 3-7 所示。

同时，那些 Zn 缓慢提高，但又没力量突破 B 的，要小心其中蕴藏的突然变盘风险，一般这种走势，都会构成所谓的上升楔型之类的诱多图形。反之，这种情况同样存在下降楔型的诱空，道理是一样的。

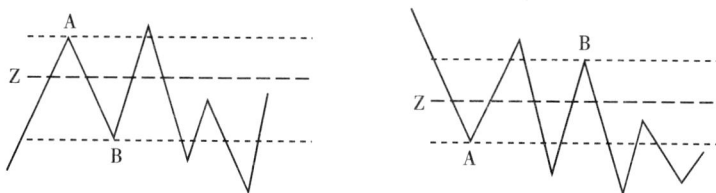

对于买来说，一个 Zn 在 Z 之下甚至在 A 之下的，介入的风险就很大

图 3–7　下行段进场都有风险

另外，中枢震荡中次级别的类型其实是很重要的，如果是一个趋势类型，Zn 又出现相应的配合，那么一定要注意变盘的发生，特别是那种最后一个次级别中枢在中枢之外的，一旦下一个次级别走势在该次级别中枢区间完成，震荡就会出现变盘。

结合上布林通道的时间把握，这样对震荡的变盘的把握将有极为高的预见性了。

除了特殊的情况，Zn 的变动都是相对平滑的，因此，可以大致预计其下一个区间，这样，根据当下震荡的低点或高点，就可以大致算出下一个震荡的高低点，这都是小学的数学问题，就不说了。

注意：中枢震荡的监视器是利用本级别中枢形成后的震荡中轴 Z，在次级别震荡区间的一半位置，Zn 是用来比较的。本级别中枢，不是次级别中枢，是区间。在具体应用上，大概可以用离开或回到中枢的次级别线段的中心点来作为 Zn 计算。

计算公式：Zn = 线段高点 – (线段高点 – 线段低点) / 2 或

Zn = 线段低点 + (线段高点 – 线段低点) / 2

四、中枢震荡的操作方法

缠论认为，震荡行情是最容易玩出利润来的，但这绝对不适合一根筋思维的人。实际操作，特别是对待震荡行情，就是要敢卖敢买，该卖一定要卖，反而买却不一定，特别对技术有点问题的，仓位可以控制好。

那么，中枢震荡如何操作？

今天我们就以 30 分钟级别回调的中枢震荡为例来进行介绍，谈到中枢震荡，就必然有一个 30 分钟在这里是存在的。也就是说，有个 5 分钟次级别的重叠部分限定了中枢区间。

如果是中枢延续，那么中枢上是不可能有买点的。因为中枢延续要求所有中枢上的走势都必然转折向下，在此时，中枢上是不能有买点的，也就是只有卖点。当然，我们还可以这样理解：任何离开中枢的线上次级别走势，都随时要想着卖点，哪怕卖错也不要怕，因为就算后面不进中枢，也至少有一个三买等着你。

反过来，在中枢下方是不能有卖点的，因为就算买了后回不到中枢，形成三卖，那也至少可以利用 1 分钟的盘整背离或背离出掉，去等待更好的介入时机。明白了这个，就不会在冲高时追进，在杀跌时失去筹码了。

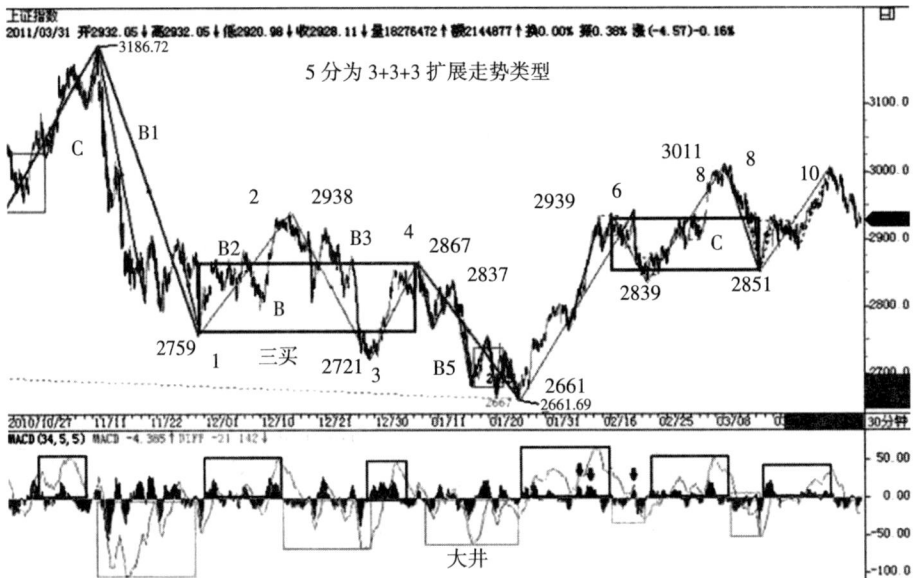

图 3-8　盘整背驰

盘整背驰是判断向上离开和向下离开是否结束的法宝。如图 3-8 所示，假如这个 30 分钟中枢是 B，而连接者中枢与前面同级别中枢的 5 分钟以下走势看成 A，而收面任何一个 5 分钟级别离开都可以看成是 C，C 段的走势类型完成时对应的 MACD 柱子面积比 A 段对应的面积要小。这样，就能构成标准的盘整背驰，而如果在 A 前面有一个和 B 同级别的中枢，则 A 和 C 就构成了标准背驰。震荡操作就这样，直到不再回到中枢为止。

当然，想要做好中枢震荡操作，还应当注意：对于散户来说，是不建议介入震荡的，如果没有合适的股票，要介入震荡的话，那也一定要介入向上可能性大的，这样才能有利可图。故投资者要尽量去选择出现中枢前 5 日线走势比较有力的，中枢出现前的成交量不能放得过大，一旦过大，骗线出现的概率就会大大增加。

缠论提醒我们注意以下这些问题：

在中枢震荡中，安全的做法应该是先卖后买、形成节奏。其实这问题很简单，从低位上来的筹码，当发现单边走势结束，进入较大级别震荡的时候，其标志就是出现顶背驰或盘整背驰，这就要求减磅，然后等震荡下来，出现底背驰或盘整背驰再回补，这样差价才出来，成本才下降。如果是先买后卖，那唯一可能就是在单边的时候，你的仓位不高，所以才会不卖股票也有资金，这其实是节奏先错了的表现。

当然，这些都需要通过练习才能熟练。必须注意，一旦震荡的力度大于前面有可能形成第三类卖点时，就一定要停止回补，等待第三类卖点引发的下跌出现买点时再介入，很多人经常出问题，就是心里先假设一个可能的跌幅，觉得肯定跌不深，这都是大毛病。一定要养成只看图形操作的习惯。

震荡行情，没什么基础的，最好就是观望，半仓、空仓都无所谓，没这本事，就不一定玩这游戏，当然，如果要学习，要练习，可以用少量资金。对于初学者，震荡的原则就是，宁愿卖早，一定不卖晚，有钱，还怕买不到股票？

注意：很多人不知道怎么去弄差价，似乎所有机会都可以去弄。但如果从最严格的机械化操作意义上说，那么只有围绕操作级别中枢震荡的差价才是最安全的，因为肯定能做出来，而且绝对不会丢失筹码。和在成本为 0 后的挣筹码操作中的道理是一样的。也就是说，在确定了买卖级别后，那种中枢完成后的向上移动时的差价是不能做的，中枢向上移动时，就应该满仓，这才是最正确的仓位。而在围绕中枢差价时，在中枢上方仓位减少，在中枢下方仓位增加，前提是中枢震荡依旧，一旦出现第三类卖点，就不能回补了，用中枢震荡力度判断的方法，完全可以避开其后可能出现第三类卖点的震荡。

一般情况下，中枢震荡都是逐步收敛的，这样，如果继续是中枢震荡，后面的向下离开力度一定比前一个小。当然，还有些特殊的中枢震荡，会出现扩张的情况，就是比前一个的力度还要大，但这并不必然就一定会破坏中枢震荡，最终形成第三类卖点，这个问题比较复杂，在后面谈论中枢的各种图形形态时，才能详细说到。一般来说，这种情况，用各种图形分解与盘整背驰的方法就可以完全解决。

显然，对于一个中枢来说，最有价值的买点就是其第三类买点以及中枢向下震荡力度出现背驰的买点。前者，最坏的情况就是出现更大级别的中枢，这可以用其后走势是否出现盘整背驰来决定是否卖出，一旦不出现这种情况，就意味着一个向上走势去形成新中枢的过程，这种过程当然是最能获利的。至于后面一种，就是围绕中枢震荡差价的过程，这是降低成本、增加筹码的。

这里必须注意，中枢震荡中出现的类似盘整背驰的走势段，与中枢完成的向上移动出现的背驰段是不同的，两者分别在第三类买点的前后，在出现第三类买点之前，中枢未被破坏，当然有所谓的中枢震荡，其后，中枢已经完成就无所谓中枢震荡了，所以这问题必须清楚，这是有严格区分的，不能搞糊涂了。

还有，在中枢震荡中，本质上是应该全仓操作的，也就是在中枢上方全部抛出筹码，在下方如数接回，当然，这需要高的技术精度，如果对中枢震荡判断错误了，就有可能抛错了。所以对不熟练的，可以不全仓操作。但这有一个风险，就是中枢震荡后，不一定就能出现第三类买点，可以直接出现第三类卖点就下跌，这在理论与实际中都是完全允许的。这样，如果在中枢震荡上方没完全走掉，那有部分筹码就可能需要在第三类卖点处走，从而影响总体利润。

例如，操作级别是 30 分钟，那么中枢完成向上时一旦出现一个 5 分钟向下级别后下一个向上的 5 分钟级别走势不能创新高或出现背驰或盘整背驰，那么一定要抛出，为什么？因为后面一定会出现一个新的 30 分钟中枢，用这种方法，往往会抛在该级别向上走势的最高点区间。当然，实际上能否达到，那是技术精度的问题，是需要干多了才能干好的。

五、走势类型的盘整

1. 定义

缠中说禅盘整：在任何级别的任何走势中，某完成的走势类型只包含一个缠中说禅走势中枢，就称为该级别的缠中说禅盘整。

缠中说禅走势中枢的概念：某级别走势类型中，被至少三个连续次级别走势类型所重叠的部分，称为缠中说禅走势中枢。换言之，缠中说禅走势中枢就是至少三个连续次级别走势类型重叠部分所构成。

2. 理解

（1）某级别完成的走势中，只有一个中枢，这个中枢及围绕中枢的震荡，都称为该级别的盘整。

（2）该级别中枢延伸不能超过 9 段（含中枢形成的 3 段）。

（3）有些盘整可以看作是有方向。从中枢下向中枢上发展，称为盘上，否则，称为盘下。例如，构成三买的两个次级别走势类型组合中，最有力的组合是次级别趋势离开，次级别盘整回抽中枢。这个盘整回抽，是有方向的。如果是构成三买，这个盘整是向下回抽中枢，否则，是向上回抽中枢。

（4）三个盘整走势类型的重叠，也可以构成高级别中枢。

（5）同级别分解中允许盘整+盘整的走势类型连接。

3. 图例部分

上证指数自 2453 点到 1949 点，日 K 线图，30F 级别，盘下，如图 3-9 所示。

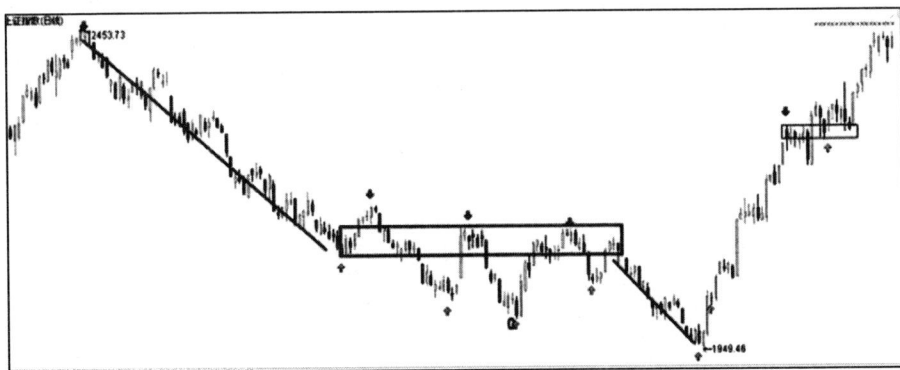

图 3-9　上证指数自 2453 点到 1949 点

农产品日 K 线图，从 7.22 元到 4.10 元，30F 级别，盘下，如图 3-10 所示。

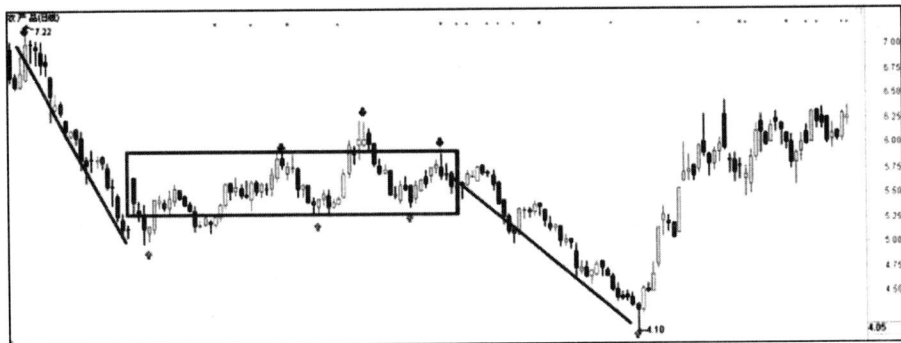

图 3-10　农产品日 K 线图

海达股份日 K 线图，上市以来日 K 线段构成日线中枢部分，后中枢震荡向上离开至 28.34 元。日 K 线盘上，如图 3-11 和图 3-12 所示。

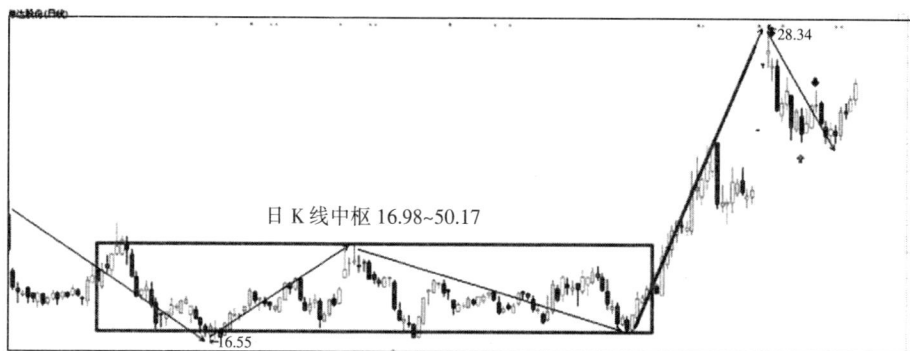

图 3-11 海达股份日 K 线图

六、股票一定要在盘整或下跌结束买

以下是缠中说禅的几张图，股票一定要在盘整或下跌结束时买，如图 3-12~图 3-16 所示。

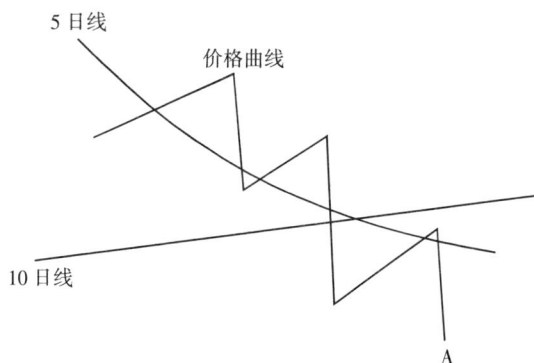

第一类买点：K 线空头排列，最后一次下跌后，股价创新低，MACD 绿色柱明显收缩，构成背驰下跌，此时 A 点买入

图 3-12

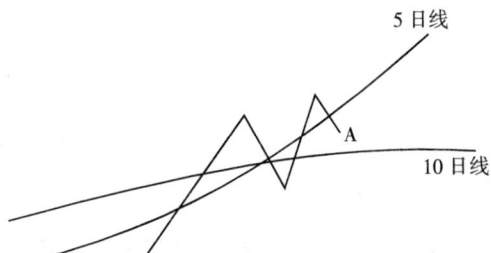

第二类买点：K线多头排列，后第一次下跌，具体买点需要降低一个级别的K线，可以看到低一个级别的K线是空头排列，按照第一买点的理论，在最好一次下跌（一般是3次下探），股价创新低，MACD绿柱明显收缩，构成背驰下跌，此时A点买入

图 3-13

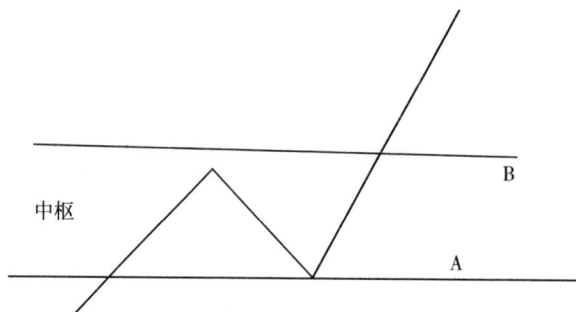

第三类买卖点：一个次级别走势向上离中枢，以一个次级别走势回试，其低点不跌破A，构成第三类买点；一个次级别走势向下离开中枢，以一个次级别回抽，其高点不升破B，则构成第三类卖点。一定要注意，第三类买卖点，必须是第一次，并不必然是趋势，有进入更大级别盘整的可能，在盘整高点出现抛掉

图 3-14

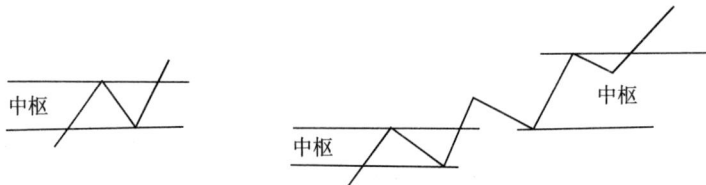

一个次级别上（比如60分钟）的三段价格走势形成的波浪线的价格重合部分，称作高一个级别（对应日）的中枢。一个中枢称为盘整。连续两个中枢形成，构成趋势，两者价格上升则涨，两者价格下跌则跌，两者差不多，则盘整。中枢可以延伸，一波一波，即连续上涨或者下跌。中枢可以升作高一级别，判断方法也如此

图 3-15

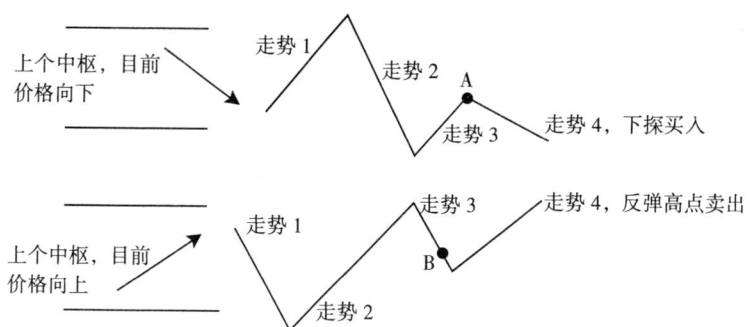

可以在 60 分钟线上机械操作，走势 a 向下，观察 a+3 走势，A 点高于 a 中枢低点，形成背驰，不急着买，在走势 4 下探时买入。走势 a 向下，观察 a+3 走势，B 点低于中枢 a 高点，形成背驰，不急着卖，在走势 4 反弹卖出

图 3-16

买卖股票，在观察后再加 3 个走势，a+3，看看是否出中枢，不出的话，再等一个走势，出现反弹或者探底，卖买，降低成本。

一般来说，一个标准的两个中枢的上涨，在 MACD 上会表现出这样的形态，就是第一段，MACD 的黄白线从 0 轴下面上穿上来，在 0 轴上方停留的同时，形成相应的第一个中枢，同时形成第二类买点，其后突破该中枢，MACD 的黄白线也快速拉起，这往往是最有力度的一段，一切的走势延伸等，以及 MACD 绕来绕去的所谓指标钝化都经常出现在这一段。这段一般在一个次级别的背驰中结束，然后进入第二个中枢的形成过程中，同时 MACD 的黄白线会逐步回到 0 轴附近，最后，开始继续突破第二个中枢，MACD 的黄白线以及柱子都再次重复前面的过程，但这次，黄白线不能创新高，柱子的面积或者伸长的高度能不能突破新高，出现背驰，这就结束了这一个两个中枢的上涨过程。明白了这个道理，大多数股票的前生后世，一早就可以知道了。

MACD，当一个辅助系统，还是很有用的。MACD 的灵敏度和参数有关，一般都取用 12、26、9 为参数，这对付一般的走势就可以了，但一个太快速的走势，1 分钟图的反应也太慢了，如果弄超短线，那就要看实际的走势，例如，看 600779 的 1 分钟图，从 16.5 上冲 19 的这段，明显是一个 1 分钟上涨的不断延伸，这种走势如何把握超短的卖点？不难发现，MACD 的柱子伸长，和乖离有关，大致就是走势和均线的偏离度。打开一个 MACD 图，首先应该很敏感地去发现该股票 MACD 伸长的一般高度，在盘整中，一般伸长到某个高度，就一定回去了，而在趋势中，这个高度一定高点，那也是有极限的。一般来说，一旦触及这个乖离的极限，特别是两次或三次上冲该极限，就会引发因为乖离而产生的回调。这种回调因为变动太快，在 1 分钟上都不能表现其背驰，所以必须用单纯的 MACD 柱子伸长来判断。注意，这种判断的前提是 1 分钟的急促上升，其他情况下，必须配合黄白线的走势来用。从该 1 分钟走势可以看出，17.5 元时的柱子高度，是一个标杆，后面上冲时，在 18.5 元与 19 元分别的两次柱子伸长都不能突破该高度，虽然其形成的面积大于前面的，但这种两次冲击乖离极限而不能突破，就意味着这种强暴的走势要歇歇了。

还有一种，就是股票不断一字涨停，这时候，由于 MACD 设计的弱点，在 1 分钟甚至 5 分钟上，都会出现一波一波类似正弦波动的走势，这时候不能用背驰来看，最简单，就是用 1 分钟的中枢来看，只要中枢不断上移，就可以不管。直到中枢上移结束，就意味着进入一个较大的调整，然后再根据大一点级别的走势来判断这种调整是否值得参与。如果用 MACD 配合判断，就用长一点时间的，例如，看 30 分钟。一般来说，这种走势，其红柱子都会表现出这样一种情况，就是红柱子回跌的低点越来越低，最后触及 0 轴，甚至稍微跌破，然后再次放红伸长，这时候就是警告信号，如果这时候在大级别上刚好碰到阻力位，一旦涨停封不住，出现大幅度的震荡就很自然了。

注意：如果这种连续涨停是出现在第一段的上涨中，即使打开涨停后，震荡结束，形成一定级别的中枢后，往往还有新一段的上涨，必须在大级别上形成背驰才会构成真正的调整。因此，站在中线的角度，上面所说的超短线，其实意义并不太大，有能力就玩，没能力就算了。关键是要抓住大级别的调整，不参与其中，这才是最关键的。

七、中小资金的高效买入法

市场任何品种、任何周期下的走势图，都可以分解成上涨、下跌、盘整三种基本走势。有六种组合可能代表着三类不同的走势（见表 3-1）。

表 3-1　六种组合

类型	有买入价值	无买入价值
陷阱式	盘整＋下跌＋上涨　① 上涨＋下跌＋上涨　③	盘整＋上涨＋下跌　② 下跌＋上涨＋下跌　④
反转式	⑤ 下跌＋上涨 ⑦ 下跌＋盘整＋上涨	⑥ 上涨＋下跌 ⑧ 上涨＋盘整＋下跌
中继式	⑨ 上涨＋盘整＋上涨	⑩ 下跌＋盘整＋下跌

陷阱式：上涨＋下跌；下跌＋上涨。

反转式：上涨＋盘整＋下跌；下跌＋盘整＋上涨。

中继式：上涨＋盘整＋上涨；下跌＋盘整＋下跌。

对于中小资金来说，安全的建仓方式是：

（1）在六种走势中选择"⑩＋⑤＝下跌＋盘整＋下跌＋上涨"组合方式去操作。

（2）用背驰的方法找"⑩下跌＋盘整＋下跌"环节第一类买点。

（3）在第一类买点买入后，一旦出现盘整走势，无论后面如何，都马上退出。

中小资金的高效买入法使用说明：

（1）在⑩＋⑤＝下跌＋盘整＋下跌＋上涨"组合方式的"⑩下跌＋盘整＋下跌"环节中下跌时买入，唯一需要躲避的风险有两个：一是该段跌势未尽；二是该段跌势虽尽，但盘整后出现下一轮跌势。

因为在没有趋势、没有背驰中，对下跌走势用背驰来找第一类买点，就是要避开上面的第一个风险。

而当买入后，将面对的是第二个风险，如何避开？就是其后一旦出现盘整走势，必须先减仓退出。为什么不全部退出，因为盘整后出现的结果有两种：上涨、下跌，一旦出现下跌就意味着亏损，而且盘整也会耗费时间，对于中小资金来说，完全没必要。

（2）一个最基本的问题就是，走势是分级别的，在30分钟上的上涨，可能在日线图上只是盘整的一段甚至是下跌中的反弹，所以抛开级别前提而谈论趋势与盘整是毫无意义的。

（3）注意，这个退出肯定不会亏钱的，因为可以利用低一级别的第一类卖点退出，是肯定要盈利的。

（4）如果买入后不出现盘整，那就要彻底恭喜你了，因为这股票将至少回升到"下跌＋盘整＋下跌"的盘整区域，如果在日线或周线上出现这种走势，进而发展成为大黑马的可能是相当大的。

这种方法，无论买卖，都极为适用于中小资金，如果把握得好，是十分高效的，不过要多多看图，认真体会，变成自己的直觉才行。

第四章　缠中说禅负成本战法 4：定下级别

一、缠中说禅同级别分解操作模式

缠论的精妙在于级别。级别往往是初学习缠论的人很容易忽视的问题，但这个问题却是最关键、最致命的问题。

级别是由资金量、性格、系统风险所决定的，缠师认为级别如几何的公理，是无须定义的。事实上，级别无处不在，级别的本质是规模大小，质量差异，100 万元与 1 万元除了规模区分外，还在于介入的周期不同。

走势类型有级别，背驰有级别，资金量有级别，操作有级别，买入与卖出也有级别区别。

大级别（年线、周线、日线）就是大方向，小级别（60F、30F、15F、5F）就是局部、细节，是小的方向。大级别走好向上时，小级别的波动就可以用震荡、洗筹来处理，此时必然的选择是持股为主，如果技术可以，就用小级别的买卖点来增加收益，降低成本；如果技术不行，就只能安心持股，否则用小级别的买卖点就有丢失筹码的风险，等待大级别卖点的到来。卖掉之后，耐心持币，不为小级别的波动而心动，等待大级别的买点到来，如此循环，没有另外。

通俗地理解，级别应当是"分类后的再分类"，分类的思想贯穿缠论的整个过程，是缠论的灵魂所在。缠师曾说过，许多人迷恋于那种臆想的理论，却不知最简单的分类才是最大的真理，能够科学地、完全地分类的理论肯定是完备的理论。

该来的，必将要来，现在需要的，只是等待买点的出现。

下面是缠中说禅同级别分解操作模式。

1. 同级别的分解原则

具体举例：30 分钟级别的上升走势。a + A + b + B + c 里，显然 A 是 1 个 30 分钟的中枢。当然，出现 A，不必然现实中表示 B 一定出现，在这里只是举例。事实上，A 完成后，下跌也符合走势完美。

b 最多是 5 分钟级别的，如果该上涨没有出现背驰，那么就可以等待走势形成一个 5 分钟的中枢，一直到走势出现背驰，是否先卖出与个人资金操作有关。可以先卖出，在 B 的第一段低点回补，第二段看 5 分钟或 1 分钟的背驰卖出，第三段下来再回补，然后就看 B 中枢能否继续向上走出 c 来。依次类推。

注意：B 不一定必须是 A 的级别，只要 b 不背驰，5 分钟级别的上涨完全有可能扩展为日线。如果 B 为日线中枢，则其后的 c 段向上，就要用日线的标准来看背驰。

同级别的分解原则：

（1）不定义中枢延伸，允许同级别"盘整 + 盘整"的连接。

（2）同时规定在该级别以下的所有级别，都允许中枢延伸，不允许"盘整 + 盘整"。

比如按 30 分钟级别分解，只要 30 分钟处于上升趋势，就称之为该级别的牛市，而不要考虑市场的状况，如图 4-1 所示。

2. 5 分钟级别实际操作

同级别的分解，按照 5 分钟级别实际操作如图 4-2 和图 4-3 所示。

按30分钟级别的同级别分解，必然首先出现向上的第一段走势类型，根据其内部结构可以判断其背驰或盘整背驰结束点，先卖出，然后必然有向下的第二段

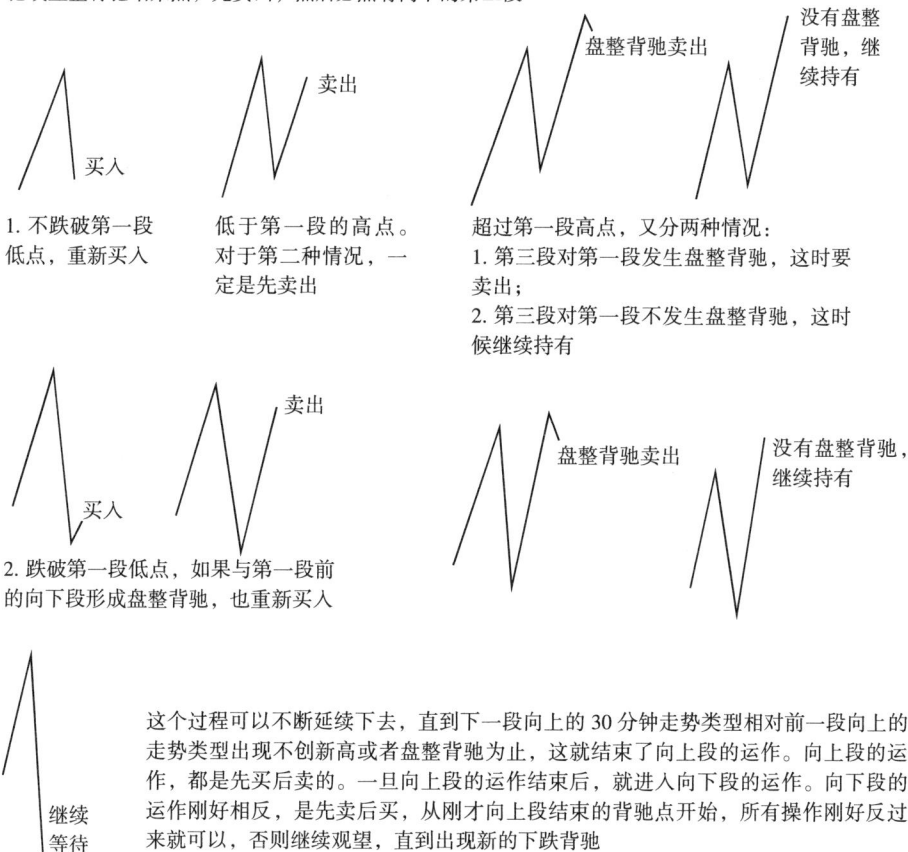

1. 不跌破第一段低点，重新买入

低于第一段的高点。对于第二种情况，一定是先卖出

超过第一段高点，又分两种情况：
1. 第三段对第一段发生盘整背驰，这时要卖出；
2. 第三段对第一段不发生盘整背驰，这时候继续持有

2. 跌破第一段低点，如果与第一段前的向下段形成盘整背驰，也重新买入

继续等待

这个过程可以不断延续下去，直到下一段向上的30分钟走势类型相对前一段向上的走势类型出现不创新高或者盘整背驰为止，这就结束了向上段的运作。向上段的运作，都是先买后卖的。一旦向上段的运作结束后，就进入向下段的运作。向下段的运作刚好相反，是先卖后买，从刚才向上段结束的背驰点开始，所有操作刚好反过来就可以，否则继续观望，直到出现新的下跌背驰

图4-1　30分钟级别分解

到 Ai+k+3 跌破 Ai+k 高点后在
不创新高或盘整顶背驰的 Ai+
k+4 卖出，其中 k 为偶数

Ai+3 不跌破 Ai 高点，
则继续持有

Ai

Ai 与 Ai+2 之间不整背驰时

Ai + 2

同级别分解再研究
同级别分解更广泛、更精确的操作卖出点

Ai

Ai 与 Ai + 2 之间盘整
背驰卖出

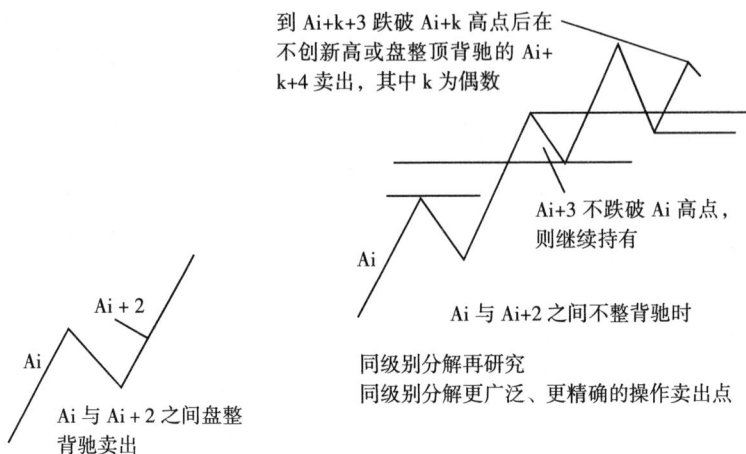

图 4-2　5 分钟级别实际操作

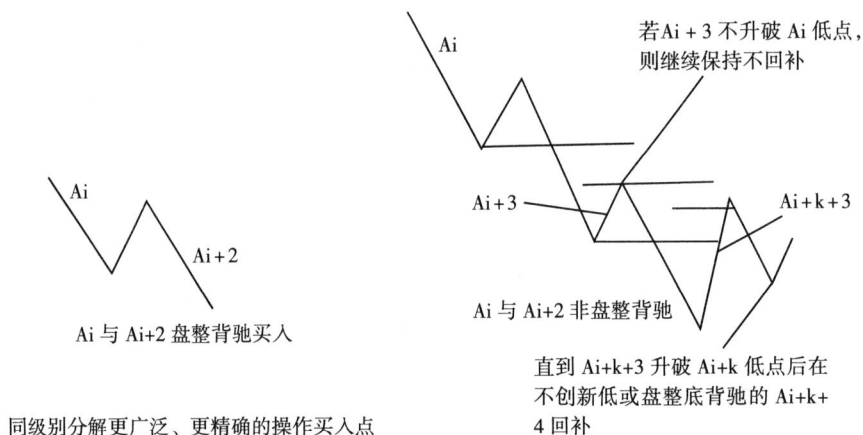

Ai

若 Ai + 3 不升破 Ai 低点，
则继续保持不回补

Ai

Ai+3

Ai+k+3

Ai + 2

Ai 与 Ai+2 非盘整背驰

Ai 与 Ai+2 盘整背驰买入

直到 Ai+k+3 升破 Ai+k 低点后在
不创新低或盘整底背驰的 Ai+k+
4 回补

同级别分解更广泛、更精确的操作买入点

图 4-3　等待下行段完结

3. 同级别分解的应用

例如，以 30 分钟级别为操作标准的，就可用 30 分钟级别的分解进行操作，对任何图形，都分解成一段段 30 分钟走势类型的连接，操作中只选择其中的上涨和盘整类型，而避开所有下跌类型。对于这种同级别分解视角下的操作，永远只针对一个正在完成着的同级别中枢，一旦该中枢完成，就继续关注下一个同级别中枢。注意：在这种同级别的分解中，是不需要中枢延伸或扩展的概念的，对 30 分钟来说，只要 5 分钟级别的三段上下上或下上下类型有价格区间的重合就构成中枢。如果这 5 分钟次级别延伸出 6 段，那么就当成两个 30 分钟盘整类型的连接，在这种分解中，是允许盘整＋盘整情况的。以前说不允许"盘整＋盘整"是在非同级别分解方式下的，不能混淆。形象点说，就是把市场分成一块块积木，这积木只有三种，30F 级别上涨，30F 级别盘整，30F 级别下跌，然后你就玩积木就行了。

二、次级别如何确定

大家在运用缠论进行投资的时候可以发现：日线级别可能只是第一个中枢，但是 30 分钟有可能是第二或者更多的中枢。对 30 分钟是第几个有要求吗？这就关系到次级别的确定了。次级别如何确定？次级别确定的方式是什么？首先我们来看图 4-4。

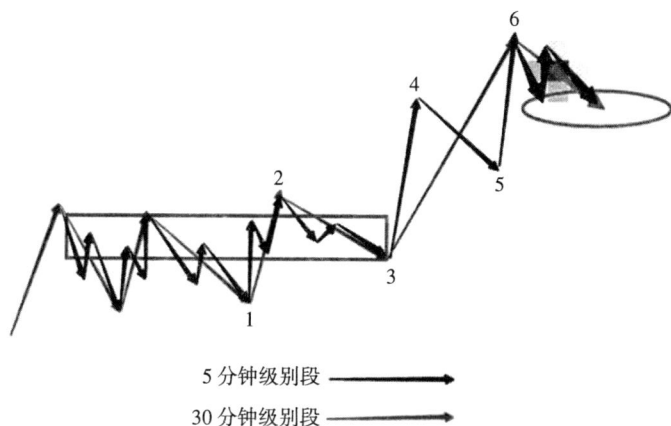

5 分钟级别段 ⟶
30 分钟级别段 ⟶

图 4-4　看 30 分钟级别，做 5 分钟级别

图 4-4 中的 5 是哪个中枢的三买呢？这个问题肯定是困扰着众多的新缠友们。在次级别中看到这样的走势还有很多，但是我想要说一点，

这并不影响买点，为什么？具体我们可以参考缠中说禅的结合律。

对30分钟是第几个中枢有要求吗？那么这个问题的解答就是：无论几个，都可以按照不同的要点组合，要点就是缠中说禅的买卖点和中枢的对比关系。

如果至少得是次级别的才行，那么级别如何确定？怎么确定拉回的是次级别？这个问题的解答就是：在被级别看到拉回，但只能看出来是一画拉回来的，就是次级别。因为打到次级别里，至少可以看到是三画，不信多翻图试试就理解了本次级别的关系，可以借鉴缠论给出的月、周、日、30分钟、5分钟、1分钟这种。

如果一个周线图，这一根轴K线构成了第三类买点，那这个周K线是一个很大的长阴线，在它之前的几根周K线都是往上走的。周线次级别就是日线，一根周K线就是5根日K线，如果缠师说这根轴K线构成了第三类买点，也就是把这根周K线看作一个次级别走势，而这个次级别走势在日线上，5根K线最多就构成笔，这又和后面出现的线段相违背。这其实还是对于次级别的一个疑问。

在缠论中：3K重合算最低级别中枢是肯定成立的。想要对这个问题进行解答，就要设定最低级别。中枢等于三个次级别走势重合，这种三个次级别重合主要还是靠人眼观察，就是走势有个上下上或者下上下就算中枢了。

确定次级别需要有两个思路，这两个思路都有个前提，那就是设定最低级别。如果设定好了最低级别，很显然最低级别之后就没有次级别了，如图4-5所示。

思路一：设定好5分钟画笔，换线段，3线段出现中枢。有中枢出现走势类型。有走势类型应该就知道怎么交易了吧？当然这是纯理论的，后面只要一交易就会发现，中枢前后2段还是没法比较结束，还是需要次级别，那怎么办？也好办，设定最低5分钟，交易30分钟。

思路二：设定好5分钟，然后中枢出现后，前面线段用大概的方法，因为线段出现结束还是不好弄。

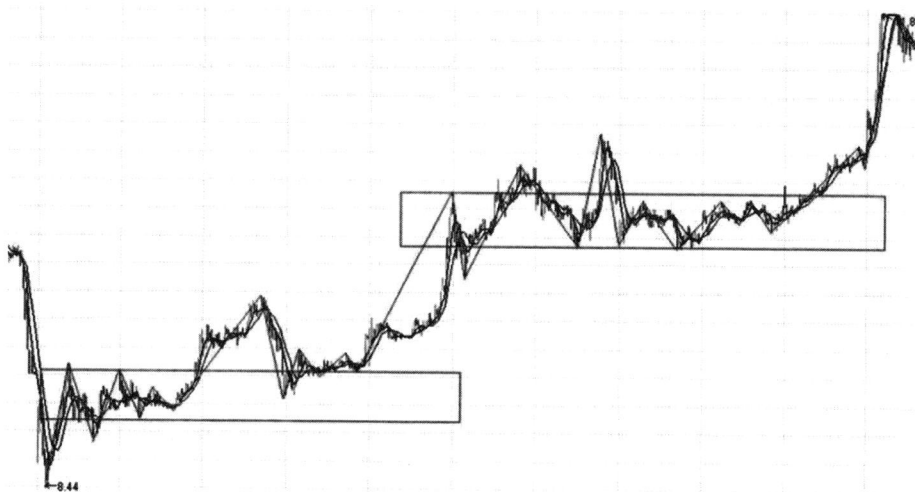

图4-5　有中枢出现走势类型

没有次级别买点就没有买点。

大家都明白任何有第一、第二类买卖点构成的买卖单，都能够归结到不同级别的第一类买卖点，这也是缠中说禅的趋势转折定律。我们也能够明白，没有次级别买点就没有买点的道理。对于新朋友还是不理解，今天我们就来详细地了解一下。

在缠论中本级别买点都是次级别一买，任何级别的上涨转折都是由某级别的第一类卖点构成的；任何的下跌转折都是由某级别的第一类买点构成的。上涨转折的意思就是涨着涨着调头向下了，在掉头向下之前就是卖点，下跌转折就是跌到头的时候买上，然后出现了向上的转折，这样就可以赚钱了，如图4-6所示。

无论是上涨后的转折，还是下跌后的转折，都对应着次级别第一买卖点，大家先学会一买，以后不管几买，次级别都是一买，一卖和一买相反，反着看就是一卖。

这里需要指出一点：某级别不一定是次级别，因为次级别也有第二类买卖点的可能，而且还有不同级别同时出现第一类买卖点，也就是出现不同级别的同步共振，所以这里才能说是某级别。

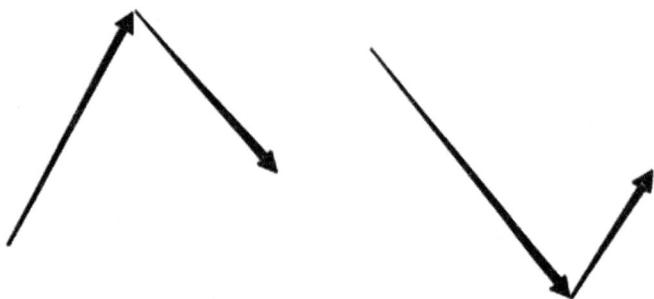

图 4-6　一上一下一买一卖

　　其实从一定程度上想，缠论其实就是源于江恩波浪理论，同样都是对于趋势的要求是非常大的。当然对于某级别可能笔者的观点与缠论是不相同的，为什么？我们通过图 4-7 来为大家进行讲解。

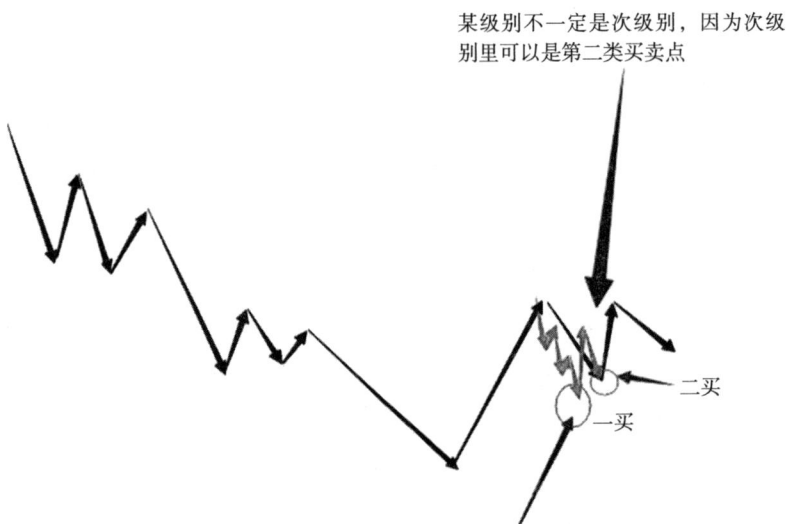

图 4-7　次级别里是第二类买卖点

　　图 4-8 中本级别二买出现了两个买点，第一次是次级别一买，第二次是次级别二买，次级别二买的买点在本级别看就是盘整中的买点，大家注意看粉红色部分，就是三段走势下上下，第一个下看到是个趋势，第二个上和第三个下是回调，"不同级别同时出现第一类买卖点"就是区间套。

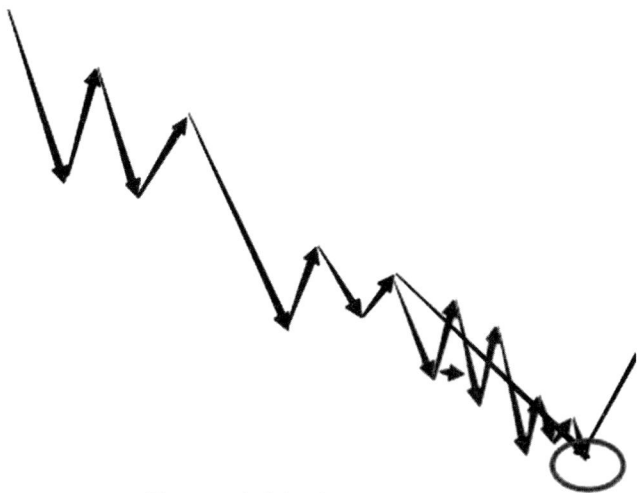

图4-8　大小级别同是一买的情况

这里就是大小级别同是一买的情况，图4-8黄加蓝的部分。那以后应该可以这样说，所有买点都是次级别或次级别以下级别的第一买点。

三、选择操作级别

操作，首先确定你的级别，没有操作级别的人，就像无头的苍蝇，迷失在走势中。第一，静态的级别无法递归，缠论的级别由中枢决定，反过来说，到底用什么来构成中枢。笔还是线段，一定要定死。第二，下跌中没有中枢，就没有买点。上涨中，没有中枢，急什么，肯定没完成。第三，静态的背驰级别，直接决定了转折的级别。

任何一个投资者，在进入股市操作之前，最基本的就是根据自己的资金量和空闲时间来决定自己的操作级别，资金量小的可以选择5分钟或者30分钟的短线操作，资金量大的就最好选择至少日线级别的操作，因为小级别的买卖点不一定能够容纳那么多的成交量。

选择了操作级别之后，就不要轻易变动了，否则操作的节奏很容易乱。如果一会儿按 5 分钟级别操作，一会儿按日线级别操作，那很快就把自己的节奏打乱了。在确定了操作级别之后，比如说 30 分钟，那么 30 分钟以下级别的走势就全部归为次级别走势段，也就是说，不管这段走势是什么级别，都按照次级别来处理，具体的处理方法就是"凡是有着明显的高低点的走势，都当作是次级别走势段"。这样就把整个 30 分钟走势划分为 N 个 5 分钟走势的连接，然后再确定中枢，选择判断背驰的两段走势，从而确定买卖点。

这里唯一需要注意的就是 T+1 的限制。短线的操作，比如 5 分钟的买点后，本来在当天就可以走出 5 分钟的卖点，结果由于 T+1 的限制而无法卖出，尾盘回跌再加上第二天低开，搞不好还会亏损。那么在操作中，就要注意交易的时间，最好是在下午尾盘进入，避开 T+1 的限制。当然如果是为了盘中的短差，同一天内先卖后买也是可以的，但前提就是大趋势上涨以及盘中震荡较大。有些股票一天的振幅甚至可以达到 20%，把握好了，当天收益是可观的。

根据实际操作的经验，1 分钟级别的走势在盘中就可以结束；5 分钟级别的走势有时在盘中结束，有时隔夜结束；30 分钟级别的走势，短的两三天，一般在一两周内，长的十多个月不等，如上海大盘从 6124 点下降到 1800 多点还是一个 30 分钟走势；日线的一买一卖往往时间跨度在一个月以上；周线以上就更长了，一年两年都说不定。

决定操作级别的因素，除了上面提到的资金量和空闲时间，还有更重要的就是自己的操作个性。有的人就喜欢短线操作，中长线的持股缺少足够的耐性；有的人习惯中长线操作，短线不太习惯。这都不影响最终结果，关键是要有正确的理论来指导。

四、缠中说禅利润最大化的操作模式

投资的目标就是获得盈利，如何在有限的资本以及特定时间内获得利润最大化？这就需要一定的技巧了。缠中说禅的第一定理便是利润最大，那缠中说禅利润最大化的操作模式是怎样的？

1. 对于任何固定的股票，在确定的级别下，采用以下操作模式利润率最大

显然，这将会出现三种情况：①当下在该中枢之中。②当下在该中枢之下。③当下在该中枢之上。注意，这最后的 30 分钟中枢，是一定可以马上确认的，无须任何预测，当然，前提是首先要把前面说的理论学好，如果连中枢都分不清楚，那就没办法了，如图 4-9 所示。

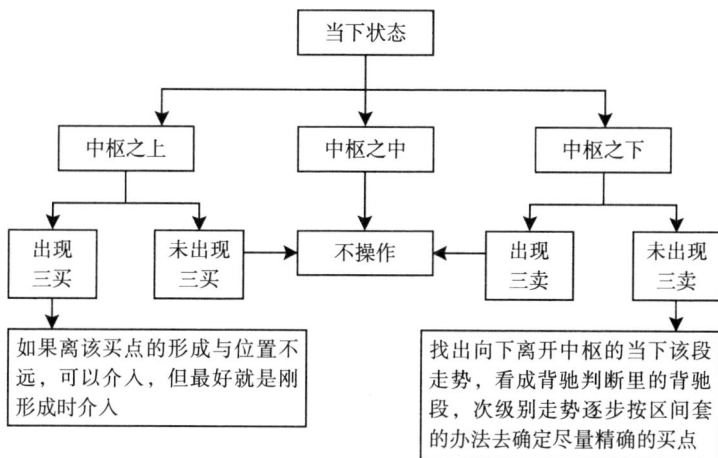

图 4-9　中枢之上、中、下

2. 对于不同的股票，在确定操作级别的操作模式

连续单边下跌走势中是不考虑操作的。

前提是确定至少 30 分钟级别的上升趋势，完全不参与中枢震荡，只

在出现第三类买点的股票就买入，一旦形成新中枢就退出。以30分钟为例，30分钟中枢完成向上后一旦出现一个5分钟向下级别后，下一个5分钟不能创新高或者出现背驰或盘整背驰，就退出，再买入其他出现第三类买点的股票。

五、"1F + 5F + 30F"操作模式

在运用缠论进行投资的时候，要有独立性＋唯一性＋稳定性的一个操作策略。有一种可以容纳小散资金的"1F + 5F + 30F"投资模式，是非常实用的。当然对于特别大资金的主力是不适用的。"1F + 5F + 30F"投资模式的操作演示如下：

1. 第一类买点及其发展

缠论中找底背最精确的就是区间套定位，然而在实际的走势中，可能并没有那么标准，如图4-10所示。

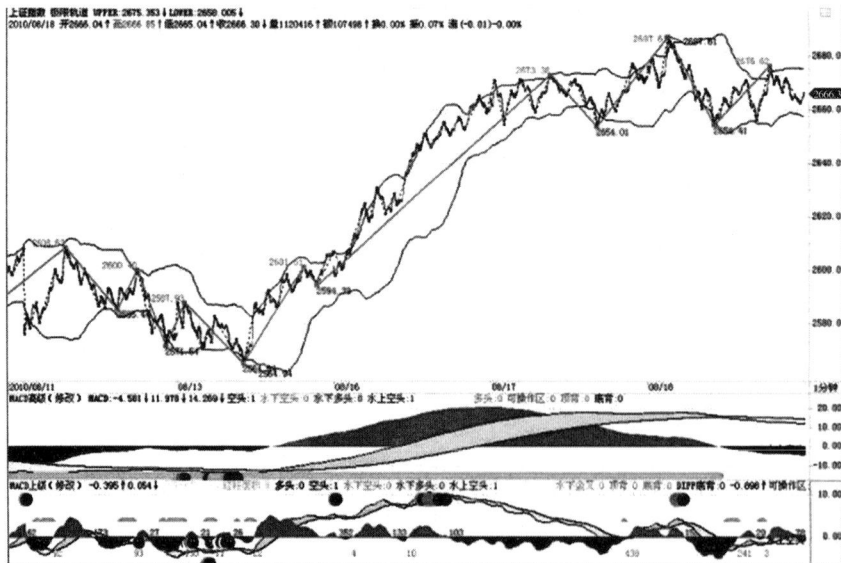

图4-10　第一类买点及其发展

当 30 分钟进入背驰段后，确认 30 分钟背驰明显，如果按缠论就是找 5 分钟背驰，然后再找 1 分钟底背驰。而忽视 1 分钟底背驰，只要 1 分钟突破 5 分钟中枢之上，就可以确认 30 分钟底背成立。虽然位置上没有区间套精确，相比较这种方法是简单，但是只要存在形态就可以。前提是要 30 分钟底背驰明显的情况下，其他情况下是不适合这种方法的。

30 分钟底背驰成立之后，并不等于保证中枢上移，此时有三种情况，分为最强与最弱，还有一般的情况，最弱的一种，是要回避的。

总之，第一波 5 分钟上涨走势类型结束时，如果在 30 分钟中枢区间下，一律不行。不用问它背不背。按缠论，这种底背就等于看错了，次级别回抽不回中枢。

2. 第二类买点及其注意事项

30 分钟二买：主要是针对错过了一买，或者对底背驰没有信心者，可以从二买开始介入。还有一种，走势本身没有一买，小转大了，也是二买起步。

二买最强的一种，5 分钟上涨走势类型第一波就突破 30 分钟下移中枢上沿，然后回踩不破中枢上沿，通常都是 5 分钟盘整回踩，这最好了。

次强情况：5 分钟下跌走势类型回跌到中枢区间内，但不破 30 分钟中枢下沿。那种破掉 30 分钟中枢下沿的回踩，力度大有问题，应该回避不参与。最差的，当然是 5 分钟向上走势，根本不能进入中枢区间之上就回踩的，太弱了。

总之，最低限度，也要 5 分钟回试，不破 30 分钟中枢下沿，比这弱的，都不必关注，即使它以后发展成大牛股，也是发展过程中，依据三买介入，如图 4-11 所示。

3. 第三类买点与中枢震荡

第三类买点在中枢之上发生。5F 向上突破 30F 中枢上沿，越高越强，一般 5F 强势向上突破 30F，然后回踩，5F 盘整底背驰，即可介入，老实等待 5F 趋势底背容易错过。问题是介入后，还是有分别的：5F 不碰到 30F 上沿，标准三买，持股不动没得说；一种是介入后，5F 继续盘整，

图 4-11　第二类买点及其注意事项

并且回到中枢的，进入中枢震荡，已介入的，就不要动了，没介入的，不是本级别三买，没必要再介入，虽然股价更低了。

如果中枢震荡 5F 突破中枢下沿的，容易出现级别扩张甚至反趋势，当机立断退出。换股操作那些同时期更强的。哪怕退出的股票以后大牛，也在所不惜。一次两次看不出效果来，长期坚持，大概率取胜。还有一种更弱的，直接 1F 破掉 30F 中枢下沿，1F 震荡都没有的。已持股的，更要退出，换股就是，如果日后此股大牛，必有三买，有的是机会，不要急。当下不参与这类弱势形态，如图 4-12 所示。

以上所述 30F 中枢震荡弱势形态，都只是扩张前兆或者下跌苗头，以防形势恶化，建议退出再说。中枢震荡不一定就要扩张或者反趋势。形态较强的可以持股不动。中枢震荡以后，30F 上涨中继，也是正常不过，操作上，只能按照当下形态来把握。

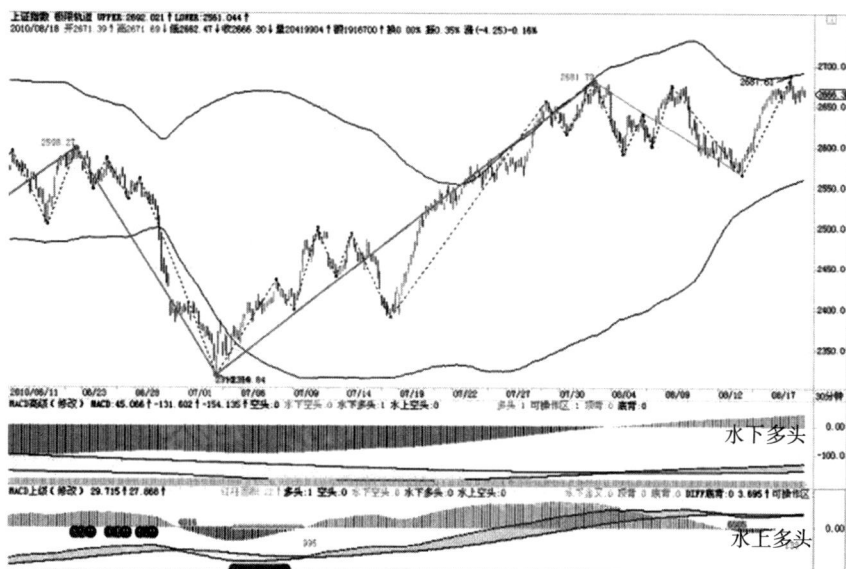

图 4-12　第三类买点与中枢震荡

第五章 缠中说禅负成本战法 5：
看出中枢、背驰

一、缠中说禅的操作难点是中枢和背驰

站在理论的角度，可以分析股市运动，当然包括预测其运动轨迹。站在实践的角度，就是个操作系统，包括缠论心法和缠论操作。

比如一、二、三买卖就属于理论指导下的操作，例如如何选股等。缠论的难点在于明白其理论依据。而中枢、背驰可以理解为一个现象，而该现象出现以及出现之后股市如何运动发展，则是需要理论指导的关键。

1. 中枢的意义和价值

中枢对于买卖点的参考作用，在形态上起到一个坐标性的作用，是买卖点的一个有效参照物。如果做不到这点，那么中枢的价值就形同虚设。

对于第三类买点，中枢的参照作用是比较明显的，就是次级别的回调低点不跌入中枢区间，跌入就不算，这是一个从形态上可以准确判定的参照买点，其参照系数就是中枢的 ZG。据此可以得出一个明白无误的结论：任何 ZG 之下的点，都不会是第三类买点。

和第三类买点不同，中枢对于第二类买点的参照作用形同虚设。因为第二类买点可以在中枢的任一位置，可以在中枢之上、之中、之下。按照缠中说禅的说法，第二类买点在中枢的任何位置都是合理的，那么

相对于第二类买点来说，中枢实际上就不具备任何参考价值。因为划分出一个中枢，对确立何处是第二类买点没有任何形态上的帮助。

第一类买点必然在中枢之下产生，这点看似中枢对于寻找第一类买点有一定的参考价值，实际上意义也不大。不妨看一下第一类买点的定义：某级别下跌趋势中，一个次级别走势类型向下跌破最后一个走势中枢后形成的背驰点。

首先，这里的最后一个中枢，看似可以作为判断第一类买点的准确参照物，但某级别下跌趋势中，当一个次级别走势类型刚向下跌破中枢时，无法准确认定这个被跌破的中枢就是最后一个中枢。因为最后一个中枢可以是下跌以来的第二个中枢，也可以是第三个中枢，甚至可以是第四个、第五个、第 N 个中枢。这时候用来确定是否产生第一类买点，主要依据是凭借背驰来判断。是否产生背驰，是确立第一类买点的关键，而且下跌中的背驰点，都是最低点，必然存在于中枢之下。因此，划定中枢对判断第一类买点的参考作用甚微。

划分出中枢，唯一的作用是判断背驰时用来参考对比前后两段的力度。因为在某些背驰判断方法中，需要利用中枢作为参照物。这就是走势中枢对于第一类买点的间接作用和价值。

从上述分析可以看出，走势中枢仅对于判断第三类买点有直接的参照作用，对第一类买点有间接参照作用，对第二类买点几乎没有参照作用。因此，费了九牛二虎之力划分出来的走势中枢，在形态上却对确定第二类买卖点毫无帮助，这应归咎于走势中枢的原因，还是第二类买卖点定义上的原因，只能留给读者去思考了。

2. 背驰是否精确

缠论最终要解决的问题是买卖点的问题，而所有的买卖点都与背驰密切相关，因此，背驰也可以看成缠论中最终核心的问题。不能掌握背驰判断，就无法学习好缠论。

利用背驰判断买卖点能否做到精确，缠中说禅也语言模糊，在某些篇幅里可以说完全精确，而在另一些篇幅里又闪烁其词。

事实上，如果没有一个完整的数学公式来计算出精确的背驰点，仅凭人的经验和眼光来判断背驰，要做到完全精确，只能是神话。人的主观因素太多，会受到各种各样的干扰，何况所有判断背驰的方法本来就是一种经验总结，属于大概率事件，说不上有百分之百的必然。

当然，正确的理论指导加上长期的观察和实践，无形中会提高判断的精确度。另外，在背驰判断的同时，引入其他参照系统，如综合形态学来分析，会使判断结果更加可靠。如借助中枢区间的 ZG 来判断第三类买点，借助中枢区间的 ZD 来判断第三类卖点，这样的综合判断无疑会使结论可靠性更高。

二、缠中说禅中枢的判断和应用

中枢是主力提前进场布局吸筹在 K 线图中留下的痕迹，中枢的形成不代表扭转的确立，确立扭转需要以是否有效突破中枢线来判断。有效突破中枢线，该中枢线则是日后大级别回调的重要支撑。失败的中枢以及失败的中枢线，则成为日后重要的阻力位。中枢不是用来判断顶部和底部的，而是用来确认主力行为意图的，以中枢的形成并运用中枢线来判断趋势。

1. 中枢公式表达式

严格的公式可以这样表示：次级别的连续三个走势类型 A、B、C，分别的高、低点是 a1/a2、b1/b2、c1/c2，则中枢的区间就是 （max （a2，b2，c2），min （a1，b1，c1）），如图 5-1 和图 5-2 所示。

2. 中枢的判断

（1）中枢的唯一标准模式。图 5-3 为中枢的唯一标准模式，除此之外的模式都不成立。

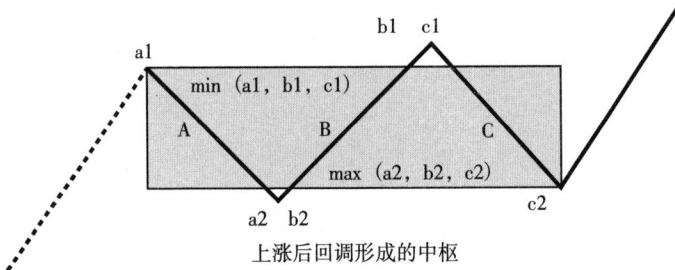

上涨后回调形成的中枢

图 5-1 中枢公式表达式 1

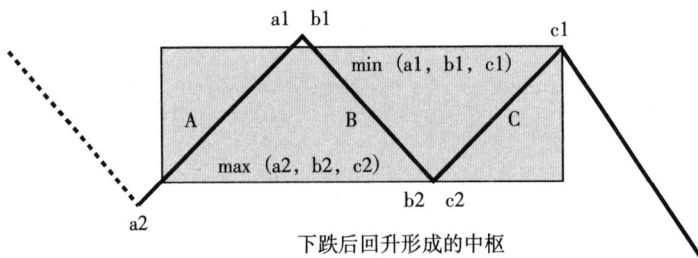

下跌后回升形成的中枢

图 5-2 中枢公式表达式 2

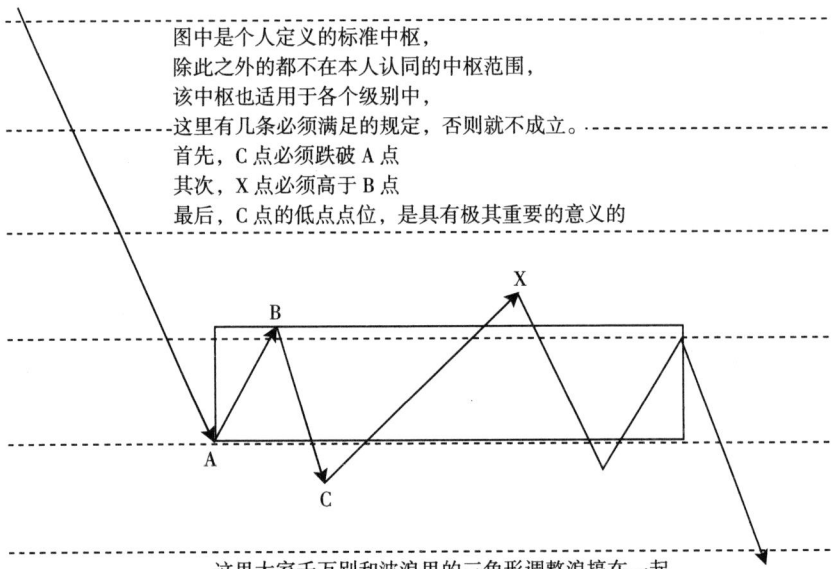

图中是个人定义的标准中枢，
除此之外的都不在本人认同的中枢范围，
该中枢也适用于各个级别中，
这里有几条必须满足的规定，否则就不成立。
首先，C 点必须跌破 A 点
其次，X 点必须高于 B 点
最后，C 点的低点点位，是具有极其重要的意义的

这里大家千万别和波浪里的三角形整整调浪搞在一起，
这个中枢和三角形调整浪是有本质区别的

图 5-3 比对高低

（2）中枢线。图 5-4 上的 C 点水平连线本人称之为中枢线。

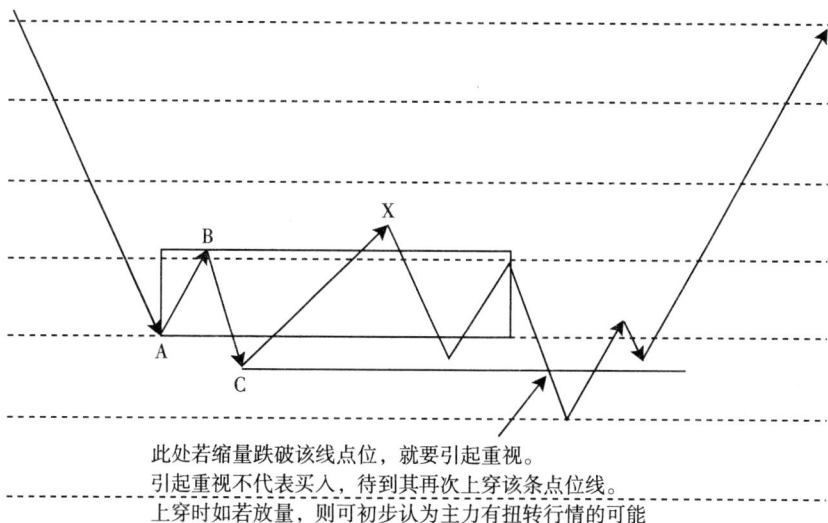

此处若缩量跌破该线点位，就要引起重视。
引起重视不代表买入，待到其再次上穿该条点位线。
上穿时如若放量，则可初步认为主力有扭转行情的可能

图 5-4 中枢线

3. 中枢的应用

中枢的判断以及中枢线的确定，彻底将中枢规范化、模式化。如何在实战中运用中枢，以及中枢线的重要意义，下面为大家进行介绍。实战中检验理论，任何真理都必须在现实中得到检验。不被现实所接受，或者不在现实中得到证实可行的都是伪论。

图 5-5 就是一个失败的中枢，中枢虽然形成，但指数并未突破中枢线，至此，该中枢线就成了日后的重要压力区域。

任何中枢的形成，必须以最终跌破 C 点为形成的唯一标准，任何不跌破 C 点的都不能称为中枢，如图 5-6 所示。

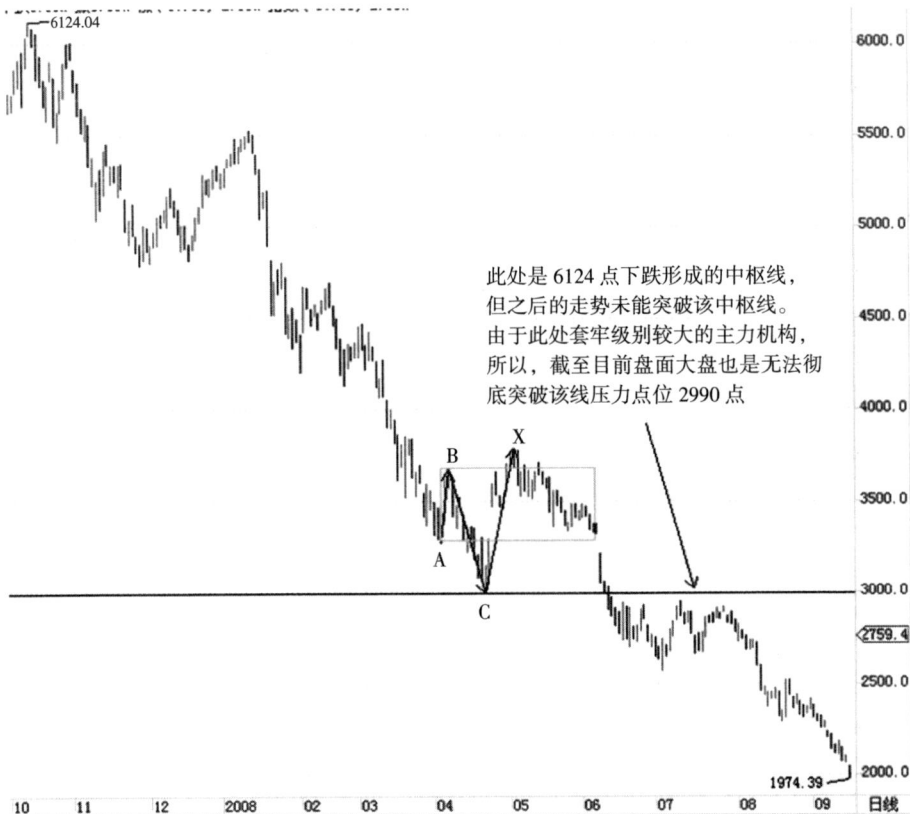

此处是 6124 点下跌形成的中枢线，
但之后的走势未能突破该中枢线。
由于此处套牢级别较大的主力机构，
所以，截至目前盘面大盘也是无法彻
底突破该线压力点位 2990 点

图 5-5　日后的重要压力区域

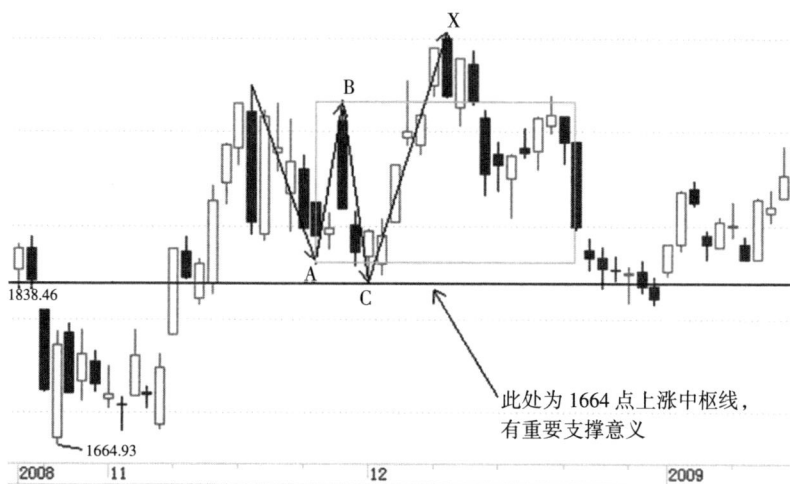

图 5-6　跌破 C 点

三、缠中说禅背驰的精解

没有级别，没有缠论；没有趋势，没有背驰。如图 5-7 所示。

1. 背驰的含义

缠论中有一种趋势力度之说，缠中说禅有这样一句话，那就是前一"吻"结束后与后一"吻"开始，指的就是由短期均线与长期均线相交所形成的面积。在前后两个同向的趋势中，当前趋势力度相比上一次的趋势力度要弱的话，那么就形成了背驰。

背驰是在某级别趋势中，形成最后一个本级别中枢的第三类买卖点后的趋势力度比该中枢之前的次级别连接趋势力度弱。

下跌趋势组成下跌走势。下跌+盘整+下跌后的上涨必然达到上一个盘整区，否则为低位盘整

背驰，趋势改变的转折点。下跌+盘整+下跌走势是有买点适合介入的时间

盘整中枢

中枢的延展

盘整中枢+扩展，随后的延展将小级别的笔构成大级别的线段

中枢的扩展

背驰：MACD 面积辅助判断

无趋势无背驰，盘整无所谓背驰之说

背驰：MACD 面积辅助判断

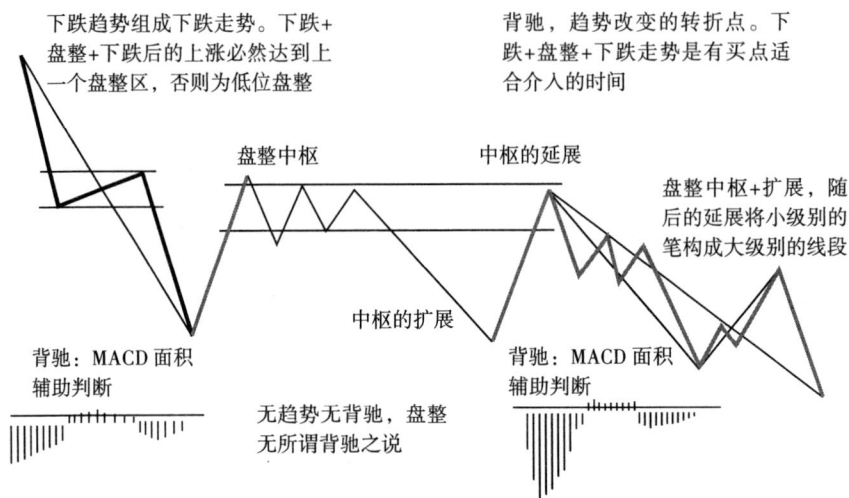

图 5-7　当前趋势力度相比上一次的趋势力度要弱

2. 背驰的级别

这里说一点，背驰的级别，就要牵涉到 MACD 指标的运用了。背驰的级别就是根据在任何中期表上 MACD 回抽 0 轴来分辨的，在具体走势中，如何确定背驰的级别？这是很多研究缠论的投资者容易混淆的问题。"背了又背"，这个问题出现的频率是相当高的，也让很多投资者误会缠论，其实，背驰就是市场中的一种合力，并不是主力所能左右的，当然背驰是市场合力出现变化的一种客观表现。

（1）观察 MACD 是否回抽 0 轴。

（2）MACD 回抽 0 轴后观察 MACD 的黄白线的位置是否有差距。

（3）当黄白线的位置有差距时，进入背驰段，此时打开次级别图表，观察背驰段中的背驰是否成立。

（4）背驰段中的背驰可以参考 MACD 红绿柱的面积的绝对值。

以上四个条件都满足，则本级别背驰确立。

3. 标准背驰（趋势背驰）

标准背驰的定义：当 a+A+b+B+c 有背驰时，首先要 a+A+b+B+c 是一个趋势。而一个趋势，就意味着 A、B 是同级别的中枢，a、b、c

是分别围绕 A、B 的次级别震荡。B 这个大趋势的中枢会把 MACD 的黄白线（也就是 DIFF 和 DEA）回拉到 0 轴附近。而 C 段的走势类型完成时对应的 MACD 柱子面积（向上看红柱子，向下看绿柱子）比 A 段对应的面积要小，这时候就构成了标准的背驰。c 必然是次级别的，也就是说，c 至少包含对 B 的一个第三类买卖点，否则，就可以看成是 B 中枢的小级别波动，完全可以用盘整背驰来处理。如果 a＋A＋b＋B＋c 是上涨，c 一定要创出新高；a＋A＋b＋B＋c 是下跌，c 一定要创出新低，否则，就算 c 包含 B 的第三类买卖点，也可以对围绕 B 的次级别震荡用盘整背驰的方式进行判断。对 c 的内部进行分析，由于 c 包含 B 的第三类买卖点，则 c 至少包含两个次级别中枢，否则满足不了次级别离开后次级别回拉不重回中枢的条件。这两个中枢构成次级别趋势的关系，是最标准、最常见的情况，这种情况下，就可以继续套用 a＋A＋b＋B＋c 的形式进行次级别分析确定 c 中内部结构里次级别趋势的背驰问题，形成类似区间套的状态，这样对其后的背驰就可以更精确地进行定位了。

标准背驰在缠论中也称为趋势背驰。这种称谓是相对于盘整背驰来说的，从另一个角度揭示了标准背驰的判定方法——趋势。趋势，一定有至少两个同级别中枢，对于背驰来说，肯定不会发生在第一个中枢之后，肯定至少是第二个中枢之后，对于那种延伸的趋势来说，很有可能在发生第 100 个中枢以后才背驰。

趋势背驰的一般情况：第二个中枢后就产生背驰的情况占了绝大多数，特别在日线以上的级别，这种就几乎达到 90% 以上。因此，如果一个日线以上级别的第二个中枢，就要密切注意背驰的出现。而在小级别中，例如，1 分钟的情况下，这种比例要小一点，但也是占大多数。四五个中枢以后才出现背驰的，都相当罕见了。

从严格意义上说，图 5-8 是日线级别的盘背，30F 级别的趋背，但是这张图的 C 段比较清楚，容易标出来让大家看明白。本级别趋背道理是相同的。

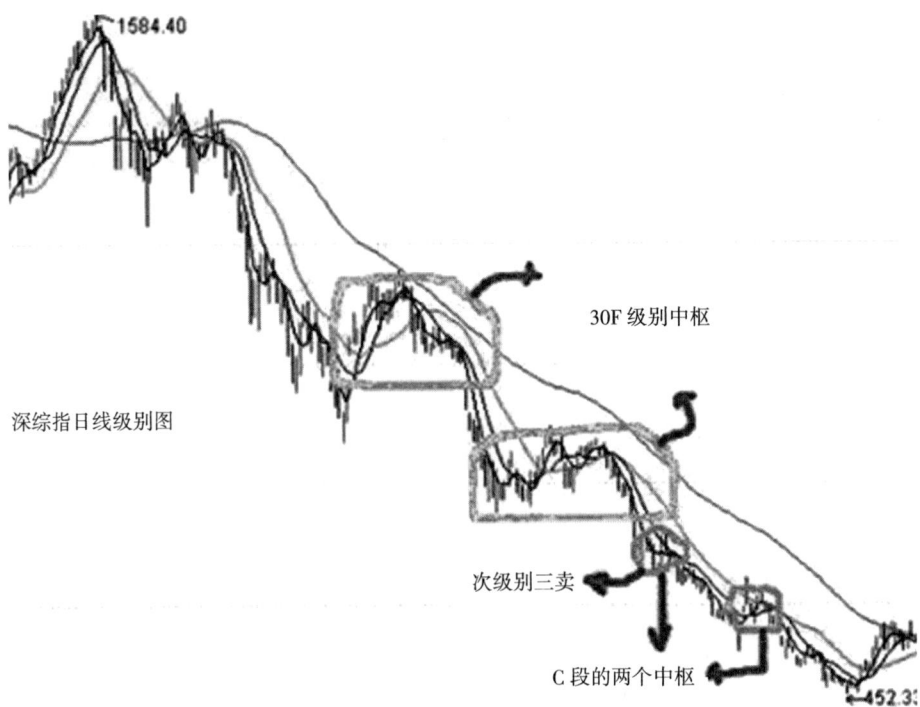

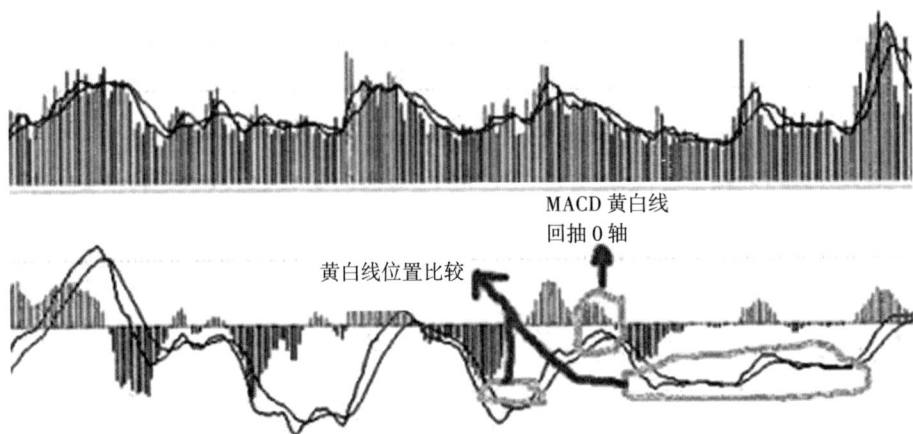

图 5-8　黄白线位置比较

4. 盘整背驰

如果在第一个中枢就出现背驰，那不会是真正意义上的背驰，只能算是盘整背驰，其真正的技术含义，其实就是一个企图脱离中枢的运动，由于力度有限，被阻止而出现回到中枢里。

一般来说，小级别的盘整背驰，意义都不太大，而且必须结合其位置，如果是高位，那风险就更大了，往往是刀口舔血的活动。但如果是低位，那意义就不同了，因为多数的第二、第三类买点，其实都是由盘整背驰构成的，而第一类买点，多数由趋势的背驰构成。一般来说，第二、第三类的买点，都有一个三段的走势，第三段往往都破点第一段的极限位置，从而形成盘整背驰。注意：这里是把第一、第三段看成两个走势类型之间的比较，这和趋势背驰里的情况有点不同，这两个走势类型是否一定是趋势，都问题不大，两个盘整在盘整背驰中也是可以比较力度的。

图解盘整背驰如图 5-9 所示。

创新高或新低才有背驰或盘整背驰的可能。未创新高的情况，其实可以按中枢震荡的方式去看，等于达不到上次震荡的力度，也可以用 MACD 等辅助看，但和背驰不是同一样东西。

5. "背了又背" 释疑

背驰是分级别的，一个 1 分钟级别的背驰，在绝大多数的情况下，不会制造一个周线级别的大顶，除非日线上同时也出现背驰。但出现背驰后必然有逆转，逆转至重新出现新的次级别买卖点为止。可以这样说，任何的逆转，必然包含某级别的背驰。但逆转并不意味着永远，例如，日线上向上的背驰制造一个卖点，回跌后，在 5 分钟或 30 分钟出现向下的背驰制造一个买点，然后由这买点开始，又可以重新上涨，甚至创新高，这是很正常的情况。如果市场的转折与背驰都有在级别上一一对应关系，那这市场也太没意思、太刻板了，而由于这种小级别背驰逐步积累后导致大级别转折的可能，才使得市场充满当下的生机。

这就是很多缠迷所说的 "背了又背"，完全是市场的一种自然现象。背驰是市场上人的合力，人是自然界的一种动物，在自然界找到过相同的叶子吗？所以说，背驰的千变万化是必然的。而缠论不仅把这种市场

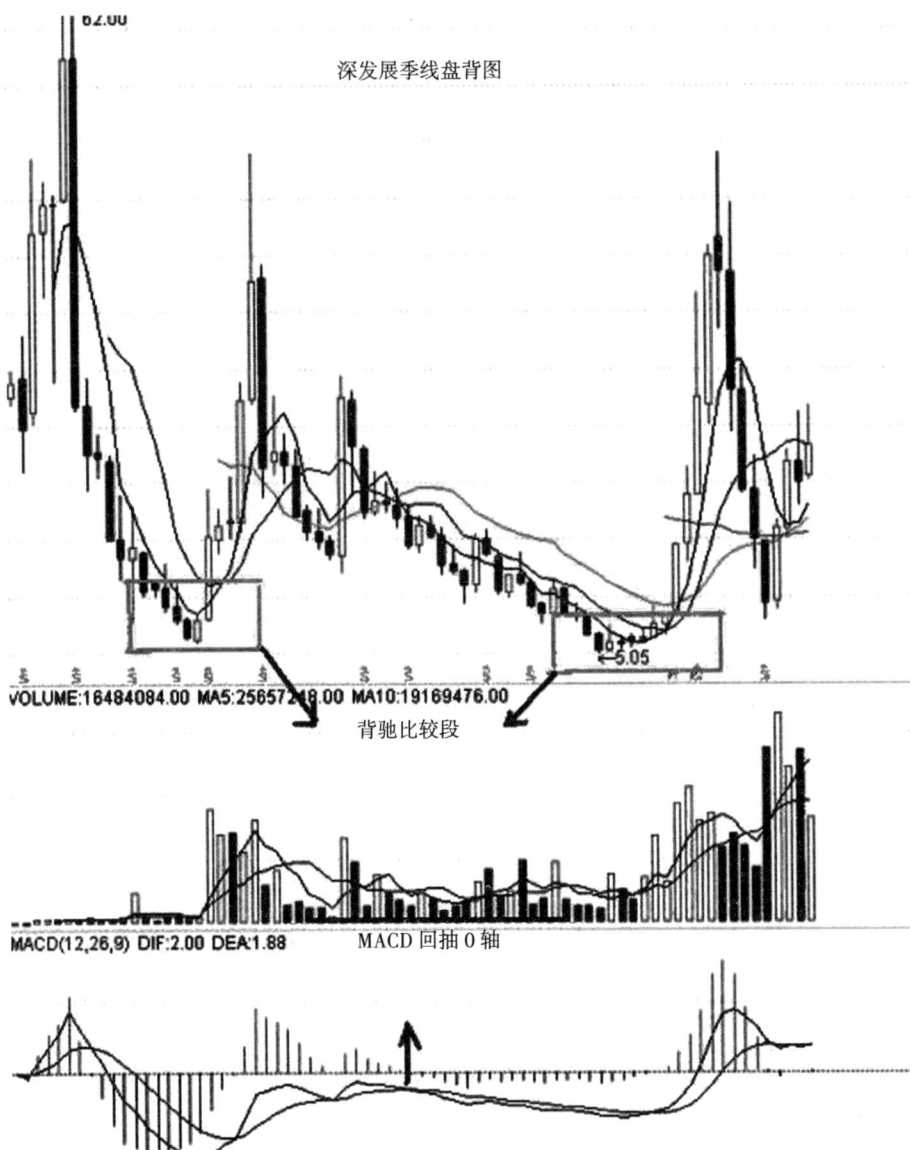

深发展季线盘背图

背驰比较段

VOLUME:16484084.00 MA5:25657248.00 MA10:19169476.00

MACD(12,26,9) DIF:2.00 DEA:1.88   MACD回抽0轴

图 5-9　背驰比较段

的自然现象赋予了科学的、可操作的定义，而且指明了操作的方法。

　　（1）背驰级别小于当下的走势级别。也就是所谓的小级别转折引发大级别转折，对这种情况，缠中说禅小背驰—大转折定理进行了可操作性的论述。

缠中说禅小背驰—大转折定理：小级别顶背驰引发大级别向下的必要条件是该级别走势的最后一个次级别中枢出现第三类卖点；小级别底背驰引发大级别向上的必要条件前提是该级别走势的最后一个次级别中枢出现第三类买点。

注意：关于这种情况，只有必要条件，而没有充分条件，也就是说，不能有一个充分的判断使得一旦出现某种情况，就必然导致大级别的转折。小级别顶背驰后，最后一个次级别中枢出现第三类卖点，并不一定就必然导致大级别的转折。显然，这个定理比起"背驰级别等于当下的走势级别"必然回来最后一个该级别中枢的情况要弱一点，但这是很正常的，因为这种情况毕竟少见，而且要复杂得多。因此，在具体的操作中，必须有更复杂的程序来对付这种情况。

对于"背驰级别小于当下的走势级别"的情况，如果一个按30分钟级别操作的投资者，那么，对于一个5分钟的回调，是必然在其承受的范围之内的，否则可以把操作的级别调到5分钟。那么，对于一个30分钟的走势类型，一个小于30分钟级别的顶背驰，必然首先至少要导致一个5分钟级别的向下走势。如果这个向下走势并没有回到构成最后一个30分钟中枢的第三类买点那个5分钟向下走势类型的高点，那么这个向下走势就不必理睬，因为走势在可接受的范围内。

当然，在最强的走势下，这个5分钟的向下走势，甚至不会接触到包含最后一个30分钟中枢第三类买点那个5分钟向上走势类型的最后一个5分钟中枢，这种情况就更无须理睬了。如果那向下的5分钟走势跌破构成最后一个30分钟中枢的第三类买点那个5分钟走势类型的高点，那么，任何的向上回抽都必须先离开。

以上这种是全仓操作的处理方法，如果筹码较多，那么当包含最后一个30分钟中枢第三类买点那5分钟向上走势类型的最后一个5分钟中枢出现第三类卖点，就必须先出一部分，然后在出现上一段所说的情况时再出清。当然，如果没有出现上一段所说的情况，就可以回补，权当弄了一个短差。

有人可能会问，为什么那1分钟背驰的时候不出去，这是与你假定操作的级别相关的，而走势不能采取预测的办法，这是不可靠的。由于没有预测，所以不可能假定任何1分钟顶背驰都必然导致大级别的转折，其实这种情况并不常见，不可能按30分钟操作，而一见到1分钟顶背驰就全部扔掉，这就变成按1分钟级别操作了。如果你的资金量与操作精度能按1分钟操作，那就没必要按30分钟操作，而按1分钟操作，操作的程序和按30分钟的是一样的，不过是相应的级别不同而已。

当然，对于有一定量的资金来说，即使按30分钟操作，当见到1分钟的顶背驰时，也可以把部分筹码出掉，然后根据后面的回调走势情况决定回补还是继续出，这样的操作，对一定量的资金是唯一可行的，因为这种资金，不可能在任何一定级别的卖点都全仓卖掉。至于底背驰的情况，将上面的反过来就可以。

（2）背驰级别等于当下的走势级别。对于"背驰级别等于当下的走势级别"，如果刚好是该级别为操作级别的，只要在顶背驰时直接全部卖出就可以。买入同理。例如，在5F图上，一个5F趋势，第二个5F中枢之后1F级别的走势离开返回形成三卖，1F走势再向下继续形成另一个1F中枢，那么这个1F走势也完美了。此时5F级别的背驰段也完美了，同时MACD被第二个5F中枢拉回0轴，在5F的MACD图上，背驰段的黄白线位置高于第一个5F中枢之后次级别低点黄白线的位置。这就是5F的本级别标准背驰。

（3）背驰的级别大于当下的走势。这种情况通常是大级别盘背，此时必然同时出现小级别的趋背，是极其重要的介入点。

6. 缠中说禅背驰—转折定理

某级别趋势的背驰将导致该趋势最后一个中枢的级别扩展，该级别更大级别的盘整或该级别以上级别的反趋势。这是一个十分重要的定理，这定理说明某级别的背驰必然导致该级别原走势类型的终止，进而开始该级别或以上级别的另外一个走势类型。

7. 缠中说禅精确大转折点寻找程序定理

（1）某大级别的转折点，可以通过不同级别背驰段的逐级收缩范围而确定。

（2）学过数学分析的，都应该对区间套定理有印象。这种从大级别往下精确找大级别买点的方法，和区间套是一个道理。某大级别的转折点，先找到其背驰段，然后在次级别图里，找出相应背驰段在次级别里的背驰段，将该过程反复进行下去，直到最低级别，相应的转折点就在该级别背驰段确定的范围内。如果这个最低级别是可以达到每笔成交的，理论上，大级别的转折点，可以精确到笔的背驰上，甚至就是唯一的一笔。

不能仅仅把它当作一个大转折点的寻找程序，更是一种科学的股票分析思维的形象再现。例如，我们在确定背驰与第三类买卖点时同样需要到次级别图上观察次级别走势的生长情况。

四、三类买卖点与中枢、背驰的关系

股谚语：会买的是徒弟，会卖的是师傅。缠迷语：X 档里耍水果刀。而缠师刀锋之上独舞屠龙刀，引无数缠迷竞折腰。销魂之吻，走势终完美之灵，中枢与背驰之利器无不是为了这把屠龙刀——缠中说禅三类买卖点。

第一类买点：某级别下跌趋势中，一个次级别走势类型向下跌破最后一个缠中说禅走势中枢后形成的背驰点。

第二类买点：某级别中，第一类买点的次级别上涨结束后再次下跌的那个次级别走势的结束点。

第三类买点：某级别上涨趋势中，一个次级别走势类型向上离开缠中说禅走势中枢，然后以一个次级别走势类型回抽，其低点不跌破中枢上边缘的中枢破坏点（ZG）。

第一类卖点：某级别上涨趋势中，一个次级别走势类型向上突破最后一个缠中说禅走势中枢后形成的背驰点。

第二类卖点：某级别中，第一类卖点的次级别下跌结束后再次上涨的那个次级别走势的结束点。

第三类卖点：某级别下跌趋势中，一个次级别走势类型向下离开缠中说禅走势中枢，然后以一个次级别走势类型回抽，其高点不升破中枢下边缘的中枢破坏点（ZD）。

首先必须明确这是在同一级别上分析的，接着才能有第一、第二、第三类的买卖点，离开级别的分类，缠中说禅屠龙刀，就会被用成水果刀。

（1）第一类买卖点：就是该级别的背驰点。

（2）第二类买卖点：站在中枢形成的角度，其意义就是必然要形成更大级别的中枢，因为后面至少还有一段次级别且必然与前两段有重叠第二类买卖点，不必然出现在中枢的上或下，可以在任何位置出现。

（3）第三类买卖点：其意义就是对付中枢结束的，一个级别的中枢结束，无非面对两种情况，转成更大的中枢或上涨下跌直到形成新的该级别中枢。

图解三类买卖点与中枢、背驰关系，如图5-10所示。

这张是深综指的日线图，图中红点是三类买点，绿点是三类卖点，其中的三卖是模拟的，为了让大家在同一张图上系统地理解才这样画的。

从这张图大家不仅要理解三类买卖点与中枢、背驰的关系，更要观察到其中的灵活性，市场是充满生机的，缠论的运用也是鲜活的。例如，图5-10中二卖的高点在实际走势中是无法确定哪个是二卖的，等到走势完成，无疑又太迟了。这时就要用次级别以下级别的顶背驰来找，准确性要高很多。那么二卖后一定出现三卖吗？事实已经给出答案了，当然不是。二卖之后可能一个次级别以下级别的背驰形成更大级别的盘整或反趋势，甚至于创出新高。

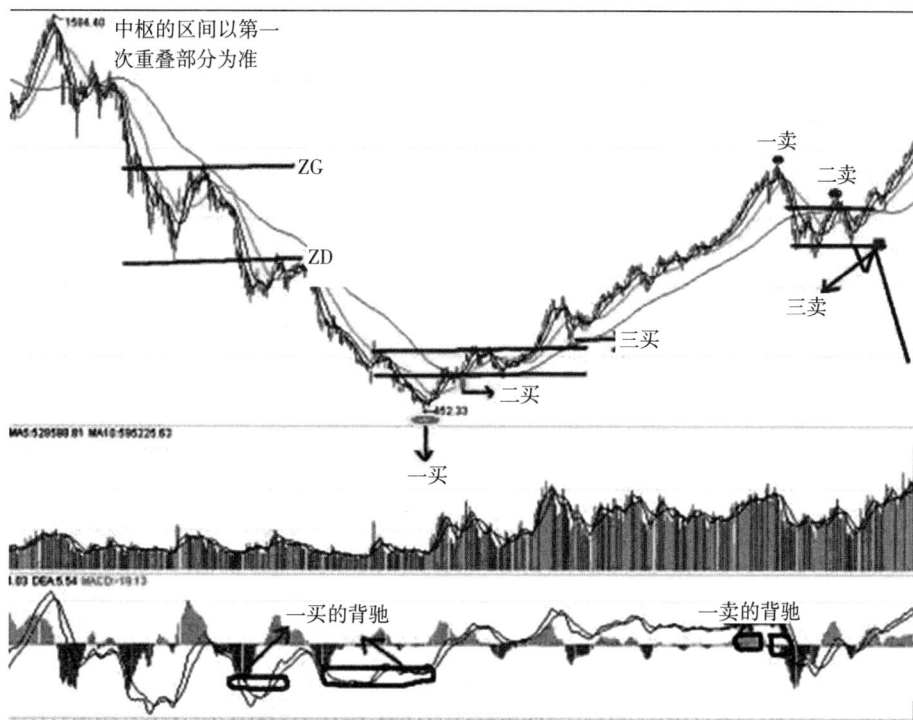

图 5-10　一买一卖的背驰

第六章 缠中说禅负成本战法6：必须掌握三类买卖点

一、缠中说禅买卖转折定律

股市交易，归根结底是买卖点的把握。缠论提出一二三买卖点系统，这就是技术系统主要部分之一。缠论的第一买点则是背驰买点，这归入抄底买点。缠论的第二、第三买点都是 N 字买点，若在日线上只是接触均线，则在低级别的（30 分钟或者 15 分钟）图形上会形成中枢。

缠论有一个交易的基础：对买点精准地把握。只有非常精准的买点，才能在中枢的扩展和延伸不受理论分析的干扰。

正如缠论自己所言："不论选什么股票并不重要，关键在于要选好买点，等待你的买点或换股的时机，别抛了一只买点上的股票去换一只卖点上的。一个人，可以操作一只股票获取最大利润，关键是买点、卖点的节奏，而不是股票本身。"

缠中说禅趋势转折定律如下：

第一类买点：由最后一吻后出现的背驰式下跌构成。

第二类买点：由第一吻后出现的下跌构成。

任何级别的上涨转折都是由某级别的第一类卖点构成的；任何的下跌转折都是由某级别的第一类买点构成的。

MACD 定律：第一类买点都是在 0 轴之下背驰形成的，第二类买点都是第一次上 0 轴后回抽确认形成的。卖点的情况就反过来。

要把握好这个均线构成的买卖系统，必须深刻理解禅中说禅买点定律：大级别的第二类买点由次一级别相应走势的第一类买点构成。如果资金量不特别巨大，就要熟练短差程序：大级别买点介入的，在次级别第一类卖点出现时，可以先减仓，其后在次级别第一类买点出现时回补。这样才能提高资金的利用率。

买卖点：买点买，买点只在下跌中，没有任何股票值得追涨，如果追涨被套，那是活该；卖点卖，卖点只在上升状态中，没有任何股票值得杀跌，如果你希望输钱瘦身，那就习惯砍仓杀跌吧。即使你搞不懂什么是买点卖点，但有一点是必须懂的，就是不能追涨杀跌。追涨杀跌都不是遵循买卖点来操作。

买卖点是有级别的，大级别能量没耗尽时，一个小级别的买卖点引发大级别走势的延续，那是最正常不过的。但如果一个小级别的买卖点和大级别的走势方向相反，而该大级别走势没有任何衰竭，这时候参与小级别买卖点，就意味着要冒着大级别走势延续的风险，这是典型的刀口舔血。

当大级别出现动能衰竭引发的结构背驰后，要翻看各小级别是否也有背驰，若有则多周期结构"背驰共振"（当前大级别背驰由小级别生长出来，大级别拐点产生前必然有多周期走势的叠加），买卖点即可确认。

在下跌时买入，唯一需要躲避的风险有两个：①该段跌势未尽；②该段跌势虽尽，但盘整后出现下一轮跌势。

没有趋势、没有背驰中，对下跌走势用背驰来找第一类买点，就是要避开上面的第一个风险。

而当买入后，将面对的是第二个风险。买入后，如何避开第二个风险？就是其后一旦出现盘整走势，必须先减仓退出。为什么不全部退出？因为盘整后出现的结果有两种：上涨、下跌，一旦出现下跌就意味着亏损，而且盘整也会耗费时间，对于中小资金来说，完全没必要。

这里有一个很重要的问题，就是如何判断盘整后是上涨还是下跌，如果把握了这个技巧，就可以根据该判断来决定是减仓退出还是利用盘整动态建仓了。

不想坐庄的大资金的安全建仓在六种走势中只可能在下跌、盘整、上涨这一种，其他都不适用。

对于小资金行之有效的买卖方法，是只参与下跌上涨唯一的一种，即在第一类买点买入后，一旦出现盘整走势，无论后面如何，都马上退出。

二、标准三类买卖点

趋势完成的转折点是市场第一有利的位置，为第一买卖点；接下来的第一段回拉，是加码和逃跑的时机，为第二买卖点；最后先有一段离开中枢随即一段回抽或反扑，但这个回抽或反扑未回到中枢里，这时候是买卖的最后机会，为第三买卖点。

标准三类买卖点如图 6-1 所示。

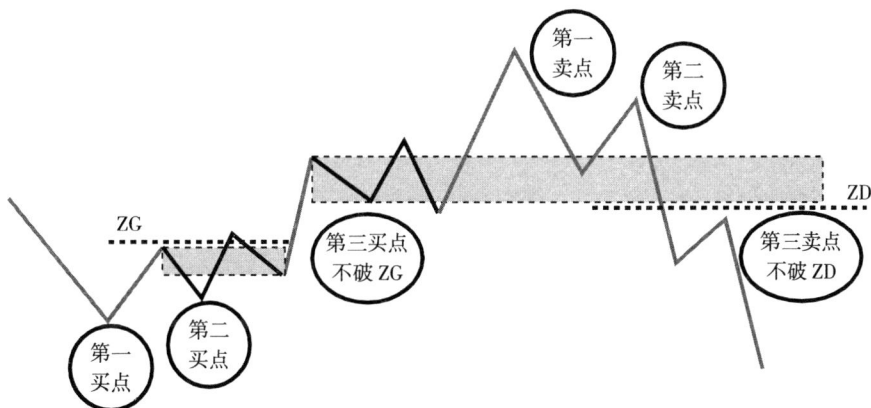

图 6-1　第三买点不下破 ZG

在底部第一类买点出现后，就知道该买点所引发的中枢第一次走出，在第三类卖点之前，都可以看成底部构造的过程。只不过如果是第三类卖点先出现，就意味着底部构造失败了，反之，第三类买点意味着底部构造的最终完成并展开新的行情。当然，顶部的情况反过来定义就是了。任何级别的上涨转折都是由某级别的第一类卖点构成的；任何的下跌转折都是由某级别的第一类买点构成的。

注意：只有在这回升的中阴状态下才有第一、第二类买点，中阴状态结束后，所有的中枢震荡只存在第三类买卖点以及中枢震荡的买卖点，就不存在第一、第二类买卖点了。

股票介入后，一旦出现盘整走势，坚决退出。注意，这个退出肯定不会亏钱，因为可以利用低一级别的第一类卖点退出，是肯定要盈利的。但为什么要退出，因为它不符合"下跌＋上涨"买卖不参与盘整的标准，盘整的坏处是浪费时间，而且盘整后存在一半的可能是下跌，对于中小资金来说，根本没必要参与。一定要记住，操作一定要按标准来，这样才是最有效率的。如果买入后不出现盘整，那就要彻底恭喜你了，因为这股票将至少回升到"下跌＋盘整＋下跌"的盘整区域，如果在日线或周线上出现这种走势，进而发展成为大黑马的可能是相当大的。

三、缠中说禅实战买点操作法则

缠论个股实战纲领分形态学、力学、走势分类。

形态学主要是盘整走势和趋势走势，力学就是判断背驰和力度，走势分类是一个走势类型与其连接的几种可能性。

缠论个股实战操作用得最多的就是 A0 和递归 a＋A＋b＋B＋c 日线图看各个级别。

A0 应该都知道，就是线段的延伸，走势的延伸，如何判断线段或走势的介入点和卖出点。

递归，级别上的逻辑推理，大级别看框架，小级别看细节，俗称三级联立。

a＋A＋b＋B＋c，分 a＋A＋b 和 a＋A＋b＋B＋c。这种模式是缠论的分析方式，这种逻辑推理是要有时间顺序，先有 a，然后才会有 A，A 之后会出现 b，b 之后会不会出现 B 就要看三买点，B 出现后要看是不是走出 c。也就是说 a＋A＋b＋B＋c，这个是有顺序出现，一旦打破顺序，其走势就很有可能结束了。这叫作顺序递推原则。

日线图看各个级别。其实也就是说，在日线图上，可以看到任何级别的走势，这个需要研究级别之间放大镜的关系，比如日线 1~2 根 K 线为十字星是 1 分钟中枢，日线 2~3 根 K 线区间有包含关系并列排列的 K 线为 5 分钟中枢，日线的 3 笔重叠为 30 分钟中枢。这个东西就要大家自己钻研了。一点都不难，主要是头脑清晰，找到中枢的级别，前后连接段就是走势的级别。

现在最需要重视的就是个股的走势形态结构，有两个典型的形态，是我们必须要印在脑海里的，这个是赚钱的源泉。

形态一：三叠加走势转趋势形态，一买出现后，回调不新低为二买。二买后直接飙涨。一般这种形态出现在中枢震荡后的主升浪，如图 6-2 所示。

形态二：一拉三震荡。也就是说，一买出现后，围绕二买做一次震荡中枢，然后再走主升浪或背驰段，如图 6-3 所示。

以上两种形态适用于各大级别，任何起涨都跑不掉这两种形态。

现在来讲一下走势结构形态中的介入点。这个是融入于各个级别中的上涨。有的是 a＋A＋b，有的是 a＋A＋b＋B＋c。这个需要多多研究各种形态后来总结。图 6-4 是所有介入点的位置。

图 6-2　看长做短，看大做小

图 6-3　中枢震荡后的主升浪

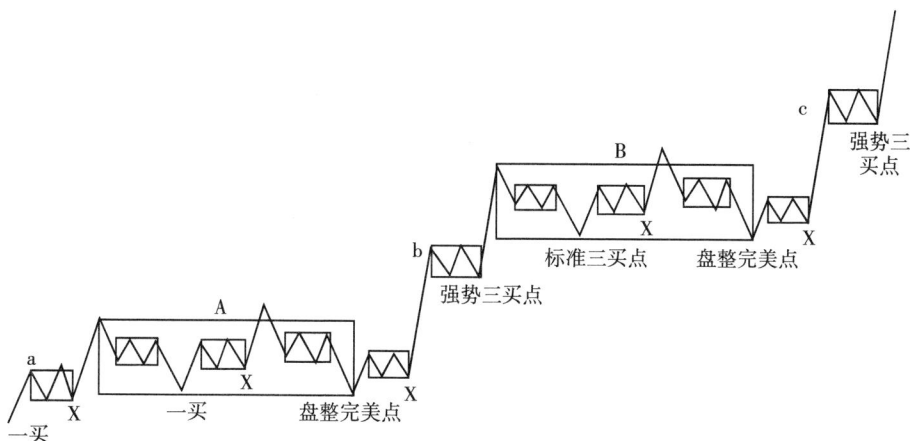

图 6-4　震荡上行

图 6-4 买点，也是有时间规律的，一旦做不出某一个买点，其后的买点就没了。走势就有可能提前结束了。这里要明白的是一拉三震荡与三叠加的性质是一样的。不是每个走势都走得特别标准，所以为什么说需要一点悟性。例如图 6-4 中的中枢结构为下上下，走势也有可能就构建一个下就结束中枢震荡，也有可能构建下上下上下的中枢震荡。

现在来解说一下走势中买点：

一买，前走势的背驰点。新走势的开始点。这里不建议做一买点。老抓一买点，还用研究后面的买点吗？而且一买也是有风险的。

二买，这个二买是传说中最安全、最好的买点，可以当成建仓点。

标准三买点，在牛市中经常见，也是稳稳的赚钱点。熊市中很少有标准三买点。

强势三买点，这里需要的是胆量，买进后，背驰了就闪，不背驰就持有。

盘整完美点，是中枢结构的末端，一般这个位置不得不涨，只用看向上离开中枢的力度。弱，就在中枢高点卖出，回调后接回。强，就一直持有到次级别的走势背驰。

X 买点。这里很多人觉得不是买点，不过在高手眼里却是买了后不得不涨的最佳买入点。也就是小一级别的盘整完美点，同样需要判断离开中枢的力度，判断强弱，判断背驰。这里盘整完美点后的 X 买点是最容易抓的，也很安全，不得不涨。

盘整完美点、X 买点、强势三买点都属于下上下的中枢结构，也就是说，一切下上下的中枢之后买入，都是可以赚钱的，只是多与少的问题。切记切记。当然也有例外，一旦弱得不行了，马上离场。级别也不能做得太小，做那么小 T+1 你能跑得掉吗？至少需要一个 5 分钟中枢或第一个 5 分钟中枢完美后的 1 分钟中枢。最好用的还是 30 分钟中枢或 30 分钟中枢后的 5 分钟中枢与 1 分钟中枢。

一二三买点，都是属于次级别下跌结构的末端。不是末端你进去干什么？不管是什么级别，都要搞明白这一点。抓好下跌走势的结构末端、中枢震荡后的结构末端，这才能抓得住涨幅，赚到银子。

以上的买点说完了，大家开始动脑思考。把这个图和买点，放入所有个股中的各个级别中，产生轮动，想一下，赚钱机会多得不得了。这个就需要你不断地复盘和看盘，如果你玩的级别大，一样可以找到很不错的介入点。说白了玩到最后就是一眼的事，一种盘感、一种快速的分析和操作。

最后谈一下日线图看各个级别，这个也需要不断地理解走势，也需要很好的悟性。不然你肯定会反感这种看盘方式，如图 6-5 所示。

黄框内都是 5 分钟中枢，红框内是 30 分钟中枢，这里可以研究一下。日 K 线图上 5 分钟中枢是如何体现出来的。当然这只是大概看一下走势结构，不是绝对的准确。你也可以看小级别的图。不过练就日线图上看各个级别的走势，好处就是很快看到 a＋A＋b＋B＋c，走势结构走到哪个位置了，会有什么样的买点出现。形成盘感，一目了然，如图 6-6 所示。

绿框内是 5 分钟中枢。这里就有了盘整完美点。这些并列排列的 K 线，就是 5 分钟中枢震荡。

黄框可以看成 1 分钟中枢。其后没有新高，直接闪人哦。中间的大阴线，其实就是强势三买点。

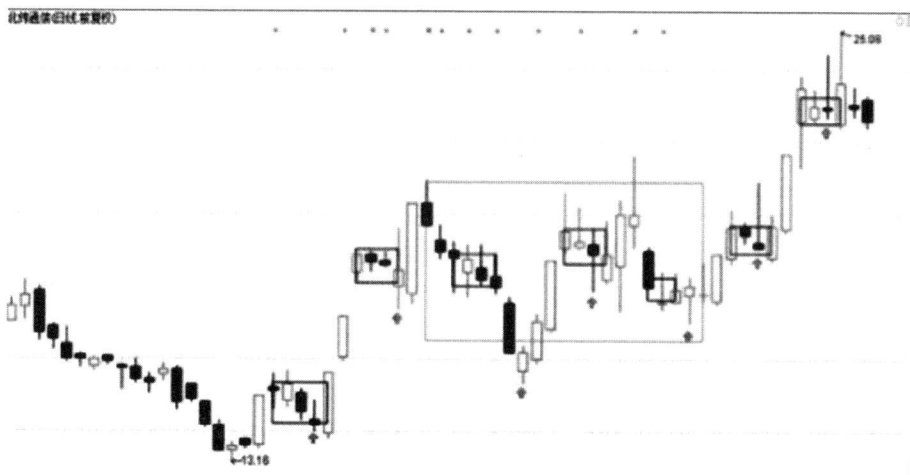

图 6-5　需要不断地理解走势

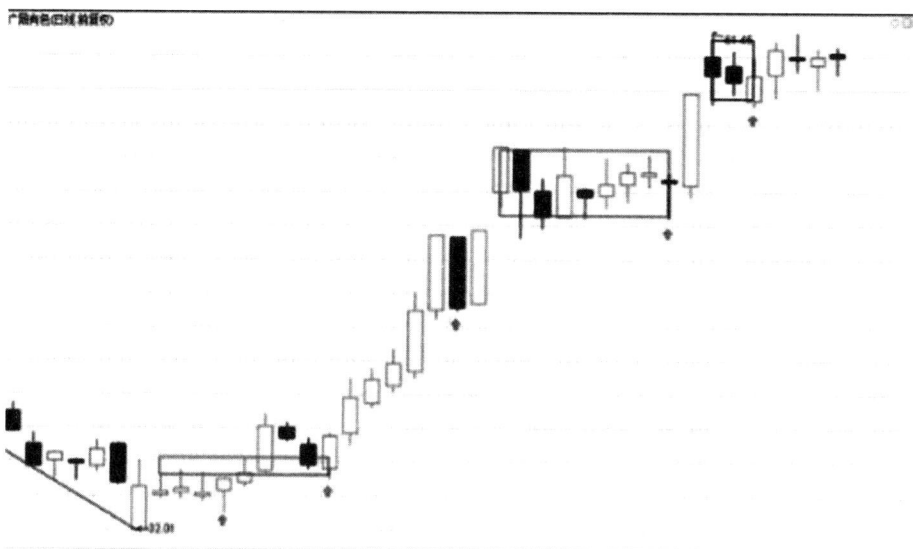

图 6-6　日 K 线图上看各个级别的走势

以上所有的知识，需要很好的悟性，不断地研究个股走势来提升盘感。首先你要先学会缠论，才能明白上面的知识点。然后做作业，画线段。大量复股复盘，锻炼好盘感，反复实战操作。当然缠论也离不开 MACD、量能、均线。慢慢来，终能成功的。靠缠论赚钱的高手真的很多，要对自己有信心。

四、三类买卖点的说明

大级别（月、周线）走势用分型、线段确认大方向，小级别（日线以下）用中枢、走势类型来精确买卖点。

方法：在大级别日线、周线走势图中，标记次级别的走势类型。

对于底部区域，用周、日线粗略给出底部区域，用 30 分钟、5 分钟级别的走势类型精确买入价位。

常规步骤：按照自己的操作级别，例如，周线级别。①确定分型；②确定笔；③通过笔，找出特征序列，经过包含处理后形成标准特征序列；④确定线段，按照标准特征序列找出构成分型的 3 个相邻元素，线段被破坏的条件，当且仅当至少被另一线段中的 1 笔破坏。

（1）第一类买卖点就是该级别的买卖点，而第二、第三类买卖点都是次级别甚至以下级别的第一类买卖点。

并不是出现第三类买卖点之后，走势才能大幅上升或下跌，因此，一个 30 分钟或 5 分钟的第三类买卖点都值得介入，其前提是，要和一般的中枢波动谨慎区分。在理论和操作都不熟练的情况下，宁可按简单稳妥的方法来。

因此，对买点来说，大级别（月、周线）的第一类买点可以不参与，稳妥的做法是等周线级别的第二、第三类的买点介入。当周线中枢出现突破，就可以等待日线回抽所形成的第三类买点。

买点在该级别的第二类买点买，但卖点要在次级别的第一类卖点卖。宁愿卖错，因为在该级别出现的第三类买点，也必然是次级别的第一类卖点之后，回试不破中枢高 ZG 才出现的，仍然有机会买入。

（2）买卖点定律一：任何级别的第二类买卖点都由次级别的第一类买卖点构成。

第三类买卖点定理：

一个次级别走势类型向上离开中枢，其后的次级别回探其低点不破中枢高 ZG，则构成第三类买点。

同理，次级别的回抽其高点不突破中枢低 ZD，则构成第三类卖点。

买卖点完备性定理：市场中的任何上涨和下跌，都必然从这三类买卖点的某一类开始、某一类结束。走势完全由这样的线段构成，线段端点是这三类买卖点的某一类。

（3）在该级别，第一类买点不可能与第二类买点重合，一买必然在该级别的中枢之下，二买是次级别的，可以在任意位置，可以在中枢之上或之下。当然出现在中枢之下，其力度就很不可靠了，出现扩展中枢的可能极大，出现在中枢之中，形成扩展中枢的可能性占 50%，出现在中枢之上，则上涨的概率很大；第三类买点在中枢之上，只有第二类买点才有可能与第三类买点重合。

在走势中的任何一点，必然只面临两种可能：走势类型的延续或转折。因此，所有买卖点都必然对应于该级别最近的中枢关系，如对买点来说，在中枢上形成的买点必然对应延续；在中枢下产生的买点必然对应转折。

五、缠中说禅的卖点

1. 第一类卖点

在某级别上涨趋势中，一个次级别走势类型往上突破最后一个走势中枢后产生的背驰点。缠论称之为第一类卖点。

第一类卖点有三层含义：

第一，本级别第一类卖点在次级别中去寻找，也可以理解本级别找到的一卖属于更高级的。

第二，次级别跌破最后一个走势中枢，在实际操作中能理解为创新高，其下是中枢。

第三，产生背驰，即顶线段形成之后，中枢上的趋势力度比中枢下的趋势力度要小。

2. 第二类卖点

在某级别中，第一类卖点的次级别下跌结束之后再次上涨的那个次级别走势的结束点。缠论称之为第二类卖点。

第二类卖点也有三层含义：

第一，第二类卖点必然在第一类卖点之后。

第二，上涨突破走势中枢，最好不要创新高。

第三，上涨走势结束，形成顶线段。

3. 第三类卖点

在某级别下跌趋势中，一个次级别走势类型往下脱离走势中枢，接着以一个次级别走势类型回抽，它的高点不升破走势中枢上边缘 ZD 的走势中枢终结点。缠论称之为第三类卖点。

第三类卖点也有三层含义：

第一，第三类卖点必然在第一类卖点之后。

第二，上涨不能突破走势中枢，应该走的前兆。

第三，上涨走势结束，形成顶线段。

缠论三类买卖点操作示意图如图 6-7 所示。

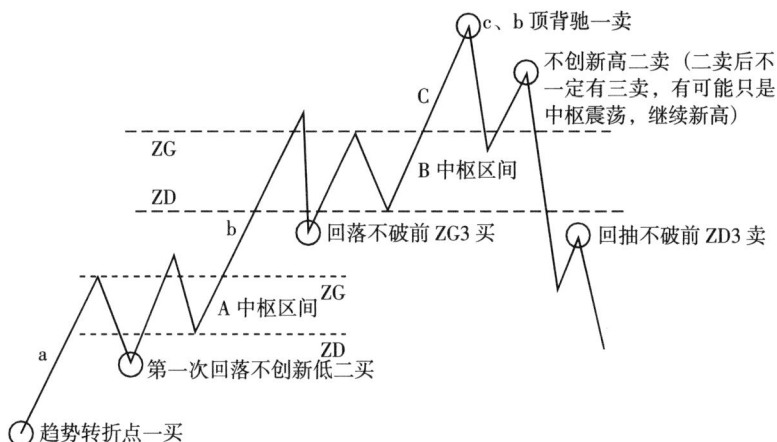

图 6-7　顶背驰一卖

六、缠中说禅的操作体系

缠论操作的定义应该是这样的：

根据缠论，只能是在第一、第二、第三类买卖点进行操作，而这三类买卖点精确地确定是由缠论的级别、中枢、背驰、走势、区间套等而来。

缠论操作的步骤如下：

（1）先确定操作的级别，也就是决定好看什么时间的图进行操作。

（2）分笔。将 K 线合并，加以顶底分型。

（3）划分线段。

（4）寻找中枢。

（5）分辨走势类型，也就是走势类型盘整还是趋势。

（6）判断背驰点。

（7）对于背驰段来说，运用区间套的方法准确确定买卖点。

（8）第一、第二、第三类买点买，第一、第二、第三类卖点卖。

由此可以看出，缠论的三大分析技术"级别、中枢、走势类型"，然后通过辅助判断"背驰"以及"均线趋势力度、量价关系进出"的几个指标，从而去确认第一、第二、第三类买卖点，这就是构成缠论操作系统的核心技术。

均线、MACD、缠论三类买卖点再加上背驰就构成了完整的操作体系。因此，缠论的核心就是：选股系统加上操作系统。

简单来说，缠论的核心就是"系统"，而这个系统包括两个部分，它们分别是选股系统和操作系统。

缠论也像其他大多数的操作股票方法那样，仅仅是一种方法而已。如果不用"系统"的眼光来看，最终会一无所获；如果能够用"系统"的眼光来看，才能豁然开朗，就会大有收获。

七、缠中说禅的均线系统

技术分析的方法有许多，技术指标也有许多，然而最简单又最实用的技术指标系统则是均线系统。下面是缠论均线系统的概括。

1. 基本概念

第一类买点：应用均线构建的买卖系统，先必须运用长期均线上位，在空头排列最后一次缠绕后背驰式下跌形成的空头陷阱抄底进入，这则是第一个值得买入的点位。

第二类买点：就是利用短期均线上位，多头排列之后第一次缠绕形成的下跌而构成的低位，这则是第二个值得买入或者加码的点位。

第一、第二类卖点：与买点的情况刚好相反。

买点定律：大级别的第二类买点由次一级别相应走势的第一类买点形成。

短差程序：大级别买点介入的，在次级别第一类卖点产生的时候，可以先减仓，然后在次级别第一类买点产生时回补。

2. 应用要点

买入时，通常最好是在第二个买点，而卖出尽量在第一个卖点，这则是买和卖的不同之处。

3. 分析理解

在空头排列的情况下，一旦产生缠绕，就应该密切地注意，尤其是这个缠绕是在一个长期空头排列之后产生的，就更应该注意，其后的下跌通常是介入的好时机，由于空头陷阱的概率相当大。应当提醒，此点对趋势构成的第一次缠绕不成立。然而缠绕以后一定有高潮，唯一的区别就是均线位置的区别，关键判断的就是均线位置而不是高潮的有无。

对于任何走势来说，首先必须判断的是均线位置：是空头排列还是多头排列。假如是多头排列的情况，一旦缠绕，唯一需要应付的就是这个缠绕到底是中继还是转折。可以肯定地说，没有任何方法能够百分百地确定这个问题，然而还是有许多方法使得判断的准确率非常高。一是短期均线上位趋势发生的第一次缠绕是中继的可能性很大，假如是第三、第四次发生，那么该缠绕是转折的可能性便会加大；二是发生第一次缠绕之前，5 日线的走势是非常有力的，不能是轻软的，这样缠绕很可能就是中继，后面至少会有一次上涨的过程出现；三是缠绕发生前的成交量不能放得过大，一旦过大，骗线出现的概率就会极大增加。假如成交量忽然放大而又萎缩太快，通常尽管没有骗线，但缠绕的时间就会增加，并且成交量就会出现两次收缩的情况。

在这个系统之下，第一类和第二类买点的风险是极小的。也就是说，收益与风险的比率是最大的，这是唯一值得买入的两个点。然而应该指出的是，并不是说这两个买点肯定没有风险，它的风险在于：对于第一个买点来说，将中继判断是转折，将背驰判断错了；对于第二个买点来说，将转折判断为中继，这样就会构成其风险，而这里的风险相当大程度与操作的熟练度有关，对于高手而言，判断的准确率就会高一些。判断的准确率要高就要多看和多参与，才能形成一种直觉。

4. 操作指导

要想掌握好这个均线所构成的买卖系统，应该深刻地了解买点定律：大级别的第二类买点则由次一级别相应走势的第一类买点所构成。假如资金量不是很大，那么就要了解短差程序：大级别买点介入的，在次级别第一类卖点产生的时候，可以先去减仓，然后在次级别第一类买点产生时回补。只有这样才可以提高资金的利用率。

若你选择了这个买卖系统，就必须要根据这个原则了。如果买入的方式懂了，那么卖出反过来就行了，这是非常简单的。不过，相应的均线参数可以按照资金量等情况进行调节，资金量越大，参数也就相应越大，这需要交易者好好去摸索。此点，对于短线仍然有效，只是将日线改为分钟线就行了。而一旦买入之后，就要长期持有等待第一个卖点，也就是说，短期均线上位缠绕之后形成背驰和第二个卖点也就是变成长期均线上位的第一个缠绕高点将它卖出，只有这样才能完成一个完整的操作。

对第一个买点来说，一旦上涨的时候仍然出现长期均线上位的缠绕，则必须要退出，这是为什么？由于第一个买点买入的基础在于长期均线上位最后一个缠绕后形成背驰，而目前又形成长期均线上位的缠绕，这意味着之前引导买入程序启动的缠绕并不是最后一个缠绕，简单来说，程序判断上出现了问题，所以应该退出。不排除此情况，则退出之后，缠绕通过以时间换空间的折腾逐渐变成短期均线上位，最终还是大幅上涨了。此情况即便出现，也可以按照第二个买点的原则重新介入，因此，真正的机会并不会失去，然而即便这样，也完全不能由于这种可能的情况产生侥幸心理，由于还有更大的可能是缠绕之后产生快速的下跌。

对第二个买点来说，一旦这个缠绕中形成跌破前面长期均线上位的最低位，则意味着买入程序出现了问题，应该在任何一个反弹中将股票出清。在此情况下，不排除其后产生上涨，但理由与上述一样，所有操作并没有百分之百准确的，一旦产生这种特殊情况，必须要先退出，这是在交易生涯中能长期存活的最重要一点。

第七章　缠中说禅贪成本战法 7：踏准节奏

一、把握好市场的节奏

市场的节奏就是买点买和卖点卖，用缠论的话来说，"没有节奏，只有死"，因此能够看出市场的节奏是多么重要。

缠论说："只知道跟着市场的节奏舞蹈，只要跟着市场的节奏，在刀锋上一样可以凌波微步。节奏，永远是市场的节奏，一个没有节奏感的市场参与者，等待他的永远都是折磨，抛开你的贪婪、恐惧，去倾听市场的节奏。只要你能按照节奏来，没有人能阻击你。市场是有节奏的，把握当下节奏，没有人能战胜你。"

缠论还指出："在市场中，只能存天理，灭人欲。买卖点是合力的结果，买点出来，涨就是天经地义，一切事情要按节奏来，先干什么后干什么，是有规矩的。"

在股票市场中，节奏就是一个永远的主题，无论高手还是低手，最终考验的都是节奏，轮动仅仅是节奏的一种方式，而最重要的节奏是买卖点，所有的节奏都应该以它为基础，当然轮动也包含在内。

股票操作的节奏是极其重要的，股票操作归根结底则是买点买、卖点卖，是否能够做到，那就是技术准确度问题，这个经过实践必定会不断提高，就是熟能生巧。而节奏来自于对级别的十分清楚认识，如果没有级别的话，所有的买卖点都是白搭，更不要谈什么节奏了。

用小级别操作的节奏更加重要。你抛出了不买回，那还不如不抛出，等待大级别的卖点再说。买入了就要想着卖点，卖出了就要想着买点。假如时间不够或者操作不方便，那么就应该选择大级别的操作。不要操作小级别的，否则买卖点极易错过。而小级别只适合于职业或者至少是半职业看盘的。

为什么必须看买卖点？为什么必须强调节奏？最终是为了资金的利用率和安全性。这对大资金是一样的，而对小资金来说，掌握好节奏，你的效率更加高。要想有效率，应该要有节奏，如果要有节奏，就必须先把握好买卖点。

如果大跌的时候，那就应该把眼睛放大，去寻找出现第三类买点的股票，这才是股票操作真正的节奏和思维。最好就是寻找有大级别第三类买点的强势股票。次级别不跌回中枢中，而能不跌回最高点，那一定是最强的。选股票必须要按照技术来寻找，寻找有第三类买点的，或者至少是刚从第三类买点起来的。

市场的节奏就是市场的步伐和声音，相当大程度地决定了交易者投资的命运，而交易者投资的命运，只有自己去掌握，所有人是不值得信任的，唯一值得信任的就是掌握市场的节奏的能力，这就需要交易者用心去倾听市场的声音，用一颗战胜了恐惧和贪婪的心去倾听，努力感知，并积极主动地紧跟市场的步伐。

与此同时，市场的节奏永远就是当下的，很多次的成功完全不能抵消一次彻底的失败。所有交易者不论前面有多么辉煌，只要有一刻被恐惧和贪婪阻隔了对市场声音的倾听，踏错了市场的节奏，那么这个交易者就走入鬼门关，除非你能够猛醒。

要想踏准市场的节奏，应该牢记缠论的这些要点：

（1）在买点中买入，买点仅仅在下跌中，没有任何一只股票能值得追涨。

（2）在卖点中卖出，没有任何一只股票能值得杀跌。

（3）任何买卖点都是有级别的，大级别下跌调整未结束前，一个小级别的买点进入则意味着要冒大级别走势持续的风险。相反地，在大级别的上涨持续时，只要关注小级别的卖点是否能够改变大级别的上涨走势，如果不能，那么必须要在小级别的买点买回来，否则的话就有踏空的危险。

（4）当你买入的时候，你应该先问自己，这是买点吗？这是什么级别的什么买点？大级别的走势怎么样？当下各级别的中枢如何分布？大盘的走势又如何？该股所在板块如何？而卖点的情况与这相似。只要你对股票的情况分析得越清楚，操作起来越得心应手。

（5）准确度能够提高，然而节奏不能乱，节奏比准确度更重要。宁愿卖早，不能买错。

（6）按照本身的实际情况（技术、资金以及时间），来确定自己的操作级别，接着踏准本级别的市场节奏。

（7）在市场中永远有翻身的机会。一旦发现节奏错了，唯一要做的就是跟上节奏。例如，你错过第一类买卖点，还有第二类买卖点，假如你连第三类买卖点都错过，连错了三次，就太不应该了。

"节奏"不仅是缠论最重要的内容之一，而且还是每个市场参与者必须烂熟于心的关键技术。

市场是极其残酷的，对于违反市场节奏的交易者来说，不是深套就是巨亏；市场也是非常美好的，关键就是要踏准节奏，该买入时买入，该卖出时必须要卖出。

二、养成好的交易习惯

缠论说："市场里，好习惯是第一重要的。一个坏习惯可能让你一度盈利，但最终都是坟墓。别怕机会都没了，市场中永远有机会，关键是有没有发现和把握机会的能力，而这种能力的基础是一套好的操作习惯。"

成功就是一种习惯，成功的交易也是一种习惯。大多数交易者误认为参与市场交易的过程，需要付出辛勤的劳动，实质上这是一种曲解。所谓辛勤的劳动就是指形成方法的过程，而不是指参与交易实战的过程。实际上，成功的交易只是正确模式的简单而重复地市场应用。成功交易仅仅是把正确的交易变为一种习惯。

缠论总结出七条好的交易习惯：

（1）不追高就是投资第一要点。永远不追涨杀跌，没有股票是值得追高买入的，同样也不要杀跌卖股票。

（2）必须要强迫自己将股票的种类降下来，对于小资金而言，必须要有集中点，通常来说，100万元以下的资金若超过5只股票，那么就显得太多了。

（3）一定有买点，而且还有符合自己操作的级别的买点，这才是交易者受用一生的思维模式。必须培养这样的习惯，就是交易者的眼光，只是投向有买点的股票。关键就是看图，看是否有符合操作级别的买卖点。假如能将30分钟级别的节奏抓住，那么市场上95%的人都不是你的对手了。

（4）一切操作的困难都是操作的失误导致的，养成好习惯则是交易中第一重要的事情。必须养成绝对不追高的好习惯，除非是刚启动的。

（5）必须要习惯于在放量突破回调的时候买入股票，这样风险就会小许多。不要在以巨量大阴线形成顶部的下跌反抽中介入，这是交易大忌。

（6）必须要在调整结束之后将启动时介入，这是在市场中生存的最佳方式。中线大幅上涨之后，要等待中线调整结束再买入，尽管这样会浪费许多所谓的机会，然而这样必须能活下来。

（7）操作股票就是一个快乐的游戏，不要把自己搞得那么苦。只要坚持只选择第一类和第二类买点进入，这是保持快乐的好方法。

三、缠中说禅买卖节奏

踏准节奏更重要，不必在乎涨与跌。

为什么这么说呢？原因很简单，踏准了节奏，"你会变得光明无比"（缠中说禅语）。踏错了节奏，结果就会是买了就跌，卖了就涨，就死定了。

缠中说禅的价值，就是它能够保证踏准节奏。

下面是缠中说禅买卖节奏：

（1）在30分钟走势中一、二、三买介入，一、二卖卖出。时间周期是17日以上。

（2）在5分钟走势中一、二、三买介入，一、二卖卖出。时间周期是5日以上。

（3）在1分钟走势中一、二买介入，一、二卖卖出。时间周期是2~3日左右。

（4）在1分钟线段走势中一、二买介入，一、二卖卖出。时间周期是1~2小时左右。

（5）在日线图上，30分钟中枢跌破55线受到89线的支撑，5分钟中枢跌破5线受到10线支撑，1分钟中枢受到5线支撑。

（6）在30分钟图上，看55线与89线的支撑，去研究30分钟的线段走势。

（7）在5分钟图上，看55线与89线的支撑，去研究5分钟的线段走势以及5分钟走势类型。

（8）在1分钟图上，背驰段中寻找背驰。

（9）必须设定止损位和止盈位，持续盈利就是目标，少赚总是比坐电梯要强。

（10）对走势不确定的时候减仓或者清仓，以观望为主，合理地控制好风险。

（11）不要怕错失机会，股市到处都是机会，少亏多赚才是生存的法则。

（12）仓位可以分为底仓和流动仓，底仓是根据操作级别进出，流动仓则是根据小级别进出。

四、缠中说禅基本韵律

对于股票市场，相信大家都知道其中最重要的节奏就是买与卖的问题。能够做到买点买，卖点卖的投资者，在股市中往往能够获得盈利。缠论有一个基本的韵律，就是向上段先买后卖与向下段先卖后买的韵律，如果这个韵律都错了，那操作就一团糟。这时候，唯一正确的选择就是停止操作，先把心态、韵律调节好了才继续。

对 5 分钟的同级别分解，以最典型的 a + A 为例，一般情况下，a 并不一定就是 5 分钟级别的走势类型，但通过结合运算，总能使得 a + A 中，a 是一个 5 分钟的走势类型，而 A，也分解为 m 段 5 分钟走势类型，则 A = A1 + A2 + … + Am。想考虑 a + A 是向上的情况，显然，Ai 当 I 为奇数时是向下的，为偶数时是向上的，开始先有 A1、A2 出现，而且 A1 不能跌破 a 的低点，如果 A2 升破 a 的高点而 A3 不跌回 a 的高点，这样可以把 a + A1 + A2 + A3 当成一个 a，还是 5 分钟级别的走势类型，如图 7-1 所示。

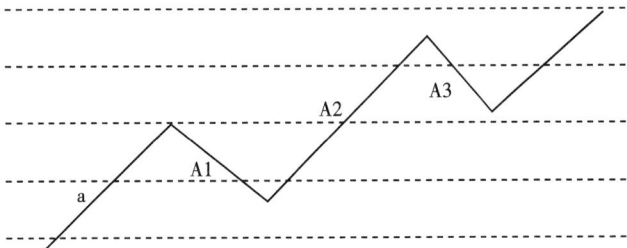

图 7-1　走势还在同一级别里

因此，这里可以一般性地考虑 A3 跌破 a 的高点情况，这样，A1、A2、A3 必然构成 30 分钟中枢。这一般性的 a + A 情况，都必然归结为 a 是 5 分钟走势类型，A 包含一个 30 分钟中枢的情况，如图 7-2 所示。

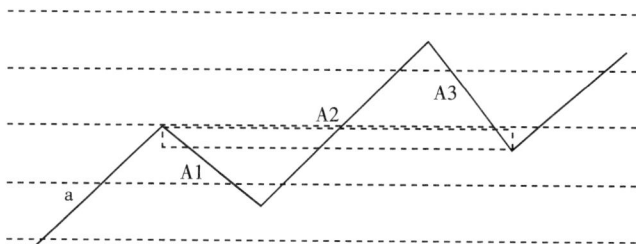

图 7-2　走势升级

把 a 定义为 A0，则 Ai 与 Ai + 2 之间就可以不断地比较力度，用盘整背驰的方法决定买卖点。这和前面说的围绕中枢震荡的处理方法类似，但那不是站在同级别分解的基础上的。注意：在实际操作中下一个 Ai + 2 是当下产生的，但这不会影响所有前面 Ai + 1 的同级别唯一性分解。这种机械化操作，可以一直延续，该中枢可以从 30 分钟一直扩展到日线、周线甚至年线，但这种操作不管这么多，只理会一点，就是 Ai 与 Ai + 2 之间是否盘整背驰，只要盘整背驰，就在 i + 2 为偶数时卖出，为奇数时买入。如果没有，当 i 为偶数，若 Ai + 3 不跌破 Ai 高点，则继续持有到 Ai + k + 3 跌破 Ai + k 高点后在不创新高或盘整顶背驰的 Ai + k + 4 卖出，其中 k 为偶数；当 i 为奇数，如图 7-3 所示。

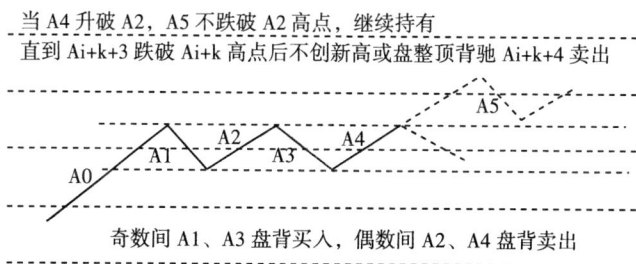

图 7-3　盘整顶背驰卖出

若 Ai＋3 不升破 Ai 低点，则继续保持不回补直到 Ai＋k＋3 升破 Ai＋k 低点后在不创新低或盘整底背驰的 Ai＋k＋4 回补，如图 7-4 所示。

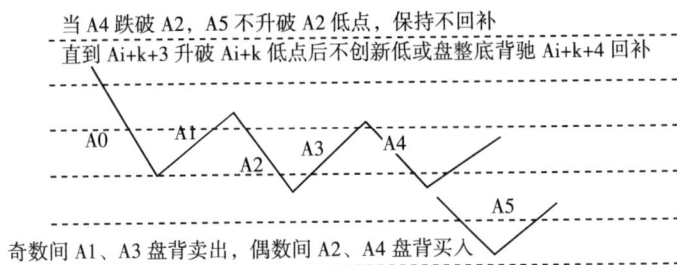

图 7-4　耐心等待低位分批低吸

同级别分解的基础上，就是符合向上段先买后卖与向下段先卖后买的基本韵律，这样才能确保你的投资获得盈利，而且还能降低投资中的风险。当然这种同级别分解的基础上，图形分为两类，一类是"当 i 为偶 Ai＋3 不跌破 Ai 高点"或"i 为奇数 Ai＋3 不升破 Ai 低点"；另一类是"Ai 与 Ai＋2 之间盘整背驰"。

对这两种情况采取不同的操作策略，构成了一种机械的操作方法。

当你按这个机械节奏不断操作下去，人身体的生物节奏都会慢慢有所感应，甚至可以达到这种程度，就是该操作的图形出现时，生理上就仿佛有感应一般。

对于大资金来说，这种级别的操作可以一直延伸下去，可以变成 N 重层次的操作，每一重都对应着一定的资金与筹码，而相应对应着不同的节奏与波动。市场的走势，其实就是这样的多重赋格，看似复杂，其实脉络清晰，可以有机地统一在多层次的同级别分解操作中。

在这种同级别分解的多重赋格操作中，可以在任何级别上进行操作，而且都遵守该级别的分解节奏与波动，只是在不同级别中投入的筹码与资金不同而已。对于大资金所具有的整体筹码与资金来说，就永远在一种有活动的多重赋格，实际的市场操作，成了一首美妙的乐曲演奏，能应和上的知音，就能得到最大的利益与享受，而每一层次的操作都是独立在一个整体的操作中。

机械操作程式：以30分钟级别为例，同级别分解，从一个下跌背驰开始，必然首先出现向上的第一段，根据其内部结构可以判断其背驰或盘整背驰结束点，先卖出，然后必然有向下的第二段。两种情况：①不跌破第一段低点，重新买入；②跌破第一段低点，如果与第一段前的向下段形成盘整背驰，也重新买入，否则继续观望，直到出现新的下跌背驰。第二段重新买入后，向上的第三段相应面临两种情况：低于第一段的高点，一定是先卖出。超过第一段的高点，又分两种情况：①第三段对第一段发生盘整背驰，这时要卖出；②第三段对第一段不发生盘整背驰，这时候继续持有。这个过程可以不断延续下去，直到下一段向上的30分钟走势类型相对前一段向上的走势类型出现不创新高或者盘整背驰为止，这就结束了向上段的运作。向上段的运作，都是先买后卖的。一旦向上段的运作结束后，就进入向下段的运作。

五、缠中说禅的四种机械化操作

机械化操作方法一：中枢之上第三类买点的操作方法。

对于有充足时间的散户，如果交易通道还行，那就用前面说过 N 次的第三买点买卖法，方法再说一次。

（1）选定一个足够去反应的级别，例如，30分钟或5分钟的，或者干脆就用日线级别的，这样选择的目标相对少点，不用太乱。

（2）只介入在该级别出现第三类买点的股票。

（3）买入后，一旦新的次级别向上不能新高或出现盘整背驰，坚决卖掉。这样，只要级别足够，肯定是赚钱的。走了以后，股票可能经过二次回抽会走出新的行情，但即使这样也节省了时间，有时间就等于有了介入新股票的机会。

（4）如果股票没出现（2）、（3）的情况，那一定是进入新一轮该级别的中枢上移中，一定要持有到该上移的走势出现背驰后至少卖掉一半，然后一个次级别下来。这里可以回补，但如果有新股票，就没必要了。再一个次级别上去，只要不创新高或盘整背驰，就一定要把所有股票出掉。注意，有一个最狠的做法，就是一旦上移出现背驰就全走，这样的前提是你对背驰判断特别有把握，这样的好处是时间利用率特别高。

（5）尽量只介入第一个中枢的第三类买点。因为第二个中枢以后，形成大级别中枢的概率将急促加大。

本方法，一定不能对任何股票有感情，所有股票，只是烂纸，只是用这套有效方法去把纸变黄金。走了以后，股票经过盘整可能还会有继续的新的中枢上移，这时候是否要介入，关键看高一级别中枢的位置，如果该继续是在高一级别中枢上有可能形成第三买卖点，那这介入就有必要，否则就算了。

要点：

（1）这种操作是不断换股，每天寻找走出三买的股票。

（2）对第三类买点要有足够的把握。第三类买点是盘整背驰或双回完成的，所以要对三买有比较精确的把握，这个最为重要。

（3）缠师明确了该方法最好在第一个中枢介入，第二个中枢以后，找次次级别的第一类买点操作应该更好。

机械化操作方法二：中枢之下第一类买点买入。

实际操作中，怎么才能达到效率最高？一个可被理论保证的方法就是：

（1）在第一次抄底时，最好就是买那些当下位置离最后一个中枢的 $DD = \min(dn)$ 幅度最大的，所谓的超跌，应该以此为标准。因为本章的定理保证了，反弹一定达到 $DD = \min(dn)$ 之上。

（2）在反弹的第 1 波次级别背驰后出掉，如果这个位置还不能达到最后一个中枢（出现最后一个中枢的三卖），那么这个股票可以基本不考虑，当然，这可能有例外，但可能性很小。

（3）之后的反弹对最后一个中枢有两个可能的高度：①回到最后中枢

内；②突破最后一个中枢的上沿。

（4）在反弹的第一次次级别回试后，买入那些反弹能达到最后一个中枢的股票。

对于（3）①的情况，如果是该级别的趋势，这个次级别的回试，就是第二类买点。根据走势必完美，一定还有一个次级别的向上走势类型。

对于（3）②的情况，即是缠师讲得最好的突破该中枢的而且回试后能站稳的股票，即缠师讲的第二、第三类买点重合，根据走势必完美，一定还有一个次级别的向上走势类型。

（5）对于上面（4）的情况，如果这走势类型出现盘整背驰或 Ai＋k＋3 跌破 Ai＋k 高点后在不创新高卖出，那就要出掉。

（6）如果不出现（5）的情况，那就要恭喜你了，你买到了一个所谓 V 形反转的股票，其后的力度当然不会小。这里就可能一直等待出现（5）的情况，然后在一个中枢震荡完成后再做决定。

至于如何预先判断 V 形反转，这就不是本章定理可以解决的问题，必须在以后的课程里才能解决。

要点：

（1）当下位置离最后一个中枢的 DD＝min（dn）幅度最大，所谓的超跌反弹，应该以此为标准。

（2）之后的次级别反弹的第一个位置，成为本方法的关键，即最后一个中枢之下（放弃）、之中（先出二买买入）、之上（最理想的二、三买重合）。

（3）该方法是超跌反弹的一个非常稳健的办法。

（4）该方法也是不断换股的操作方法。

以上两种机械化操作，其中的一个关键因素是对中枢的把握及对中枢移动、扩张、扩展有比较准确的把握，按缠师的说法，要达到幼儿园毕业之人才可能准确应用。

优点：有中枢这个客观标准为参考。缺点：次级别回拉可能把握不好。

机械化操作方法三：线段下跌背驰后机械化买入。

具体的操作程式，按最一般的情况列举如下：注意！这是一个机械化操作，按程式来就行。

不妨从一个下跌背驰开始，以一个 30 分钟级别的分解为例。

（1）按 30 分钟级别的同级别分解，必然首先出现向上的第一段走势类型，根据其内部结构可以判断其背驰或盘整背驰结束点，先卖出，然后必然有向下的第二段。

（2）这里有四种情况：

①不跌破第一段低点，重新买入。

②跌破第一段低点。

③如果与第一段前的向下段形成盘整背驰，也重新买入。

④否则继续观望，直到出现新的下跌背驰。

（3）在第二段重新买入的情况下，然后出现向上的第三段，相应面临两种情况：

超过第一段的高点。当第三段对第一段发生盘整背驰，这时要卖出；当第三段对第一段不发生盘整背驰，这时候继续持有；当这个过程可以不断延续下去，直到下一段向上的 30 分钟走势类型，相对前一段向上的走势类型，出现不创新高或者盘整背驰为止，这就结束了向上段的运作。

低于第一段的高点。对于低于第一段高点的这种情况，一定是先卖出；向上段的运作，都是先买后卖的。一旦向上段的运作结束后，就进入向下段的运作。向下段的运作刚好相反，是先卖后买，从刚才向上段结束的背驰点开始，所有操作刚好反过来就可以。

该方法较上述①、②种方式机会更多，可以不断换股操作，也可以对单一股票不断操作，个股打短差降成本，但由于个股波动较大，背驰盘踞准确判断较难准确，具体操作上就有了一定难度，并且不断换股操作，无法使股票的成本变化 0 成本，所以要根据个人情况使用。

机械化操作方法四：万能机械化操作。

这是缠论里最牛的机械化操作，也是最难的一种机械化操作。无论走势出什么招式，只以当下的走势转折来应对，就如同庖丁解牛，合其关节，只在市场的某级别转折处出手，完全吻合市场的节奏，与走势共舞，做一个零向量。这当然是一种境界、一种真正高手的境界，可能要成为我们修炼一生都在追求的目标。

具体操作方法：

（1）趋势背驰后，用上述机械化操作方法 2 进行操作。

（2）在次级别向上段盘整背驰或不创新高后，按进入中枢震荡的方法进行操作，即根据次级别的类背驰或次次级别的背驰与盘整背驰进行操作。

①在前三段走出 N 字形时，利用次级别或次次级别，高卖低买。

②之后的中枢震荡中，向上达到中枢上沿或离开中枢的，用次级别的类背驰或次次级别的背驰与盘整背驰点卖出。

③向下达到中枢下沿或离开中枢的，同样用次级别的类背驰或次次级别的背驰与盘整背驰点买入。

④这样一个中枢就可以完整地操作了。

（3）在一个次级别离开中枢后反抽不回到中枢内的，根据上述机械化操作方法一进行操作。

（4）之后的中枢上移中，可以根据次次级别的上述机械化操作方法四进行短差操作。缠师在文中明确提出如果水平不好，可以不操作中枢移动当中波动，但水平较好的，也可以用次次级别进行中枢移动过程当中的操作，前提是你的水平很高，如图 7-5 所示。

离开走势中枢的次级别走势力度明显小于进入走势中枢的次级别走势力度，即背驰可用MACD指标、线段的斜率、下跌的幅度、成交量的变化、布林带的形态、乖离率等综合判断，同时关注大盘走势，只要大盘无急跌风险，即可买入
也可在该级别底分型完成后，最小级别回跌不破该底分型，即可在底分型上沿附近买入，该买具有技术上保证的安全性

运用区间套，就是对走势段由高级别向低级别逐级察看，比较精确地寻找该段走势结束点的方法
无论该走势段是否表现出背驰或盘整背驰，其对应的次级别以下的某一级别走势也会表现出背驰或盘整背驰，表明该走势段量能趋向衰竭，该走势段即将结束，判断的精确度随着经验的增加会更加精确

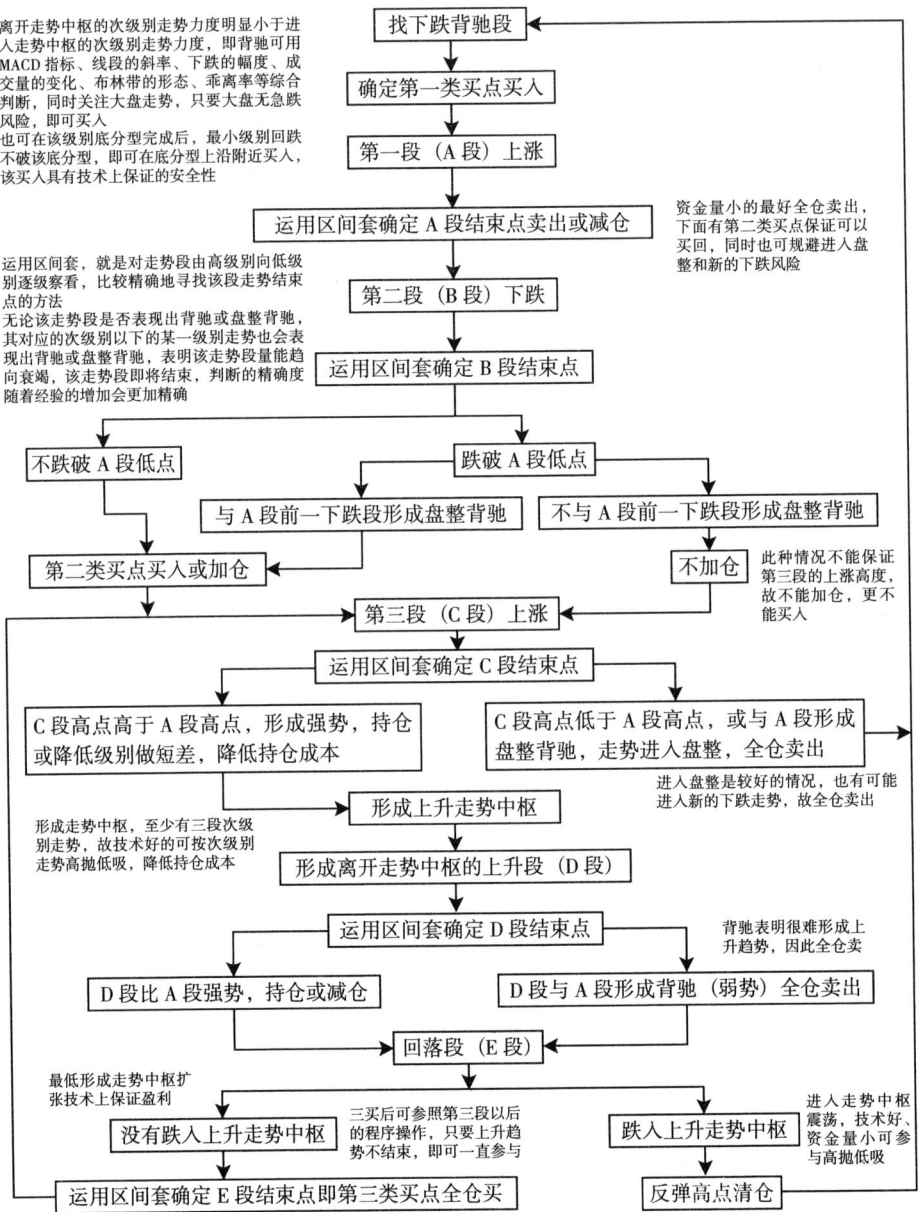

资金量小的最好全仓卖出，下面有第二类买点保证可以买回，同时也可规避进入盘整和新的下跌风险

```
                    ┌──────────────────────────┐
                    │      找下跌背驰段          │◄──────────┐
                    └──────────────────────────┘           │
                                 │                          │
                    ┌──────────────────────────┐           │
                    │   确定第一类买点买入        │           │
                    └──────────────────────────┘           │
                                 │                          │
                    ┌──────────────────────────┐           │
                    │    第一段（A段）上涨        │           │
                    └──────────────────────────┘           │
                                 │                          │
          ┌──────────────────────────────────────┐         │
          │ 运用区间套确定A段结束点卖出或减仓       │         │
          └──────────────────────────────────────┘         │
                                 │                          │
                    ┌──────────────────────────┐           │
                    │    第二段（B段）下跌        │           │
                    └──────────────────────────┘           │
                                 │                          │
          ┌──────────────────────────────────────┐         │
          │    运用区间套确定B段结束点             │         │
          └──────────────────────────────────────┘         │
                      │                    │                │
         ┌──────────────────┐   ┌────────────────────┐      │
         │  不跌破A段低点    │   │    跌破A段低点       │      │
         └──────────────────┘   └────────────────────┘      │
                  │          │                    │         │
                  │  ┌──────────────────────┐  ┌────────────────────────┐
                  │  │与A段前一下跌段形成盘整背驰│  │不与A段前一下跌段形成盘整背驰│
                  │  └──────────────────────┘  └────────────────────────┘
                  │          │                          │
                  │          │                  ┌──────────┐
                  │          │                  │  不加仓   │
         ┌────────────────────────┐            └──────────┘
         │  第二类买点买入或加仓     │                │
         └────────────────────────┘                │
                      │                             │
              ┌──────────────────────────┐          │
              │     第三段（C段）上涨       │          │
              └──────────────────────────┘          │
                           │                        │
              ┌──────────────────────────┐          │
              │  运用区间套确定C段结束点     │          │
              └──────────────────────────┘          │
```

此种情况不能保证第三段的上涨高度，故不能加仓，更不能买入

```
      ┌────────────────────────────┐  ┌────────────────────────────┐
      │ C段高点高于A段高点，形成强势， │  │ C段高点低于A段高点，或与A段形成 │
      │ 持仓或降级别做短差，降低持仓成本│  │ 盘整背驰，走势进入盘整，全仓卖出 │
      └────────────────────────────┘  └────────────────────────────┘
```

进入盘整是较好的情况，也有可能进入新的下跌走势，故全仓卖出

```
              ┌──────────────────────────┐
              │     形成上升走势中枢        │
              └──────────────────────────┘
```

形成走势中枢，至少有三段次级别走势，故技术好的可按次级别走势高抛低吸，降低持仓成本

```
          ┌──────────────────────────────────┐
          │ 形成离开走势中枢的上升段（D段）      │
          └──────────────────────────────────┘
                           │
              ┌──────────────────────────┐
              │  运用区间套确定D段结束点     │
              └──────────────────────────┘
```

背驰表明很难形成上升趋势，因此全仓卖

```
      ┌────────────────────────┐  ┌────────────────────────────┐
      │ D段比A段强势，持仓或减仓  │  │ D段与A段形成背驰（弱势）全仓卖出│
      └────────────────────────┘  └────────────────────────────┘
                   │                          │
              ┌──────────────────────────┐
              │       回落段（E段）        │
              └──────────────────────────┘
```

最低形成走势中枢扩张技术上保证盈利

进入走势中枢震荡，技术好、资金量小可参与高抛低吸

```
      ┌────────────────────────┐  ┌────────────────────────────┐
      │  没有跌入上升走势中枢     │  │     跌入上升走势中枢          │
      └────────────────────────┘  └────────────────────────────┘
```

三买后可参照第三段以后的程序操作，只要上升趋势不结束，即可一直参与

```
   ┌──────────────────────────────────┐  ┌──────────────────┐
   │ 运用区间套确定E段结束点即第三类买点全仓买│  │   反弹高点清仓      │
   └──────────────────────────────────┘  └──────────────────┘
```

图7-5　买卖程序化

第八章　缠中说禅员成本战法 8：做好"防狼术"

一、学好"防狼术"

　　股市如猎场，都是你死我活的较量，要么你有屠龙的真本领，在股市中游刃有余；假如没有屠龙本领的话，至少也要有"防狼术"，否则的话你就等着被狼吃掉吧。所以在你没学会屠龙术前先学好"防狼术"也不失为在股市中生存的一种手段，至少不会被狼吃掉。现在绝大多数人是连"防狼术"都没过关。大盘稍微来点劲，就会被大盘严重侵犯。而有了这"防狼术"，至少不会被大盘严重侵犯。

　　这"防狼术"，其实就是一个最简单的 MACD 指标，以 0 轴分为多空主导，也就是说，一旦 MACD 指标陷入 0 轴之下，那么就在对应时间单位的图表下进入空头主导，而这是必须远离的。

　　回避所有 MACD 黄白线在 0 轴下面的市场或股票，这就是最基本的"防狼术"，如图 8-1 所示。

　　当然，这涉及时间周期，例如，如果是 1 分钟，那就经常在 0 轴下又上的。这里，可以根据自己的能力，决定一个最低的时间周期。例如，60 分钟图上的或 30 分钟图上的，一旦出现自己能力所决定的最低时间周期的 MACD 黄白线在 0 轴以下情况，就彻底离开这个市场，直到重新站

2015/08/26 开:2980.79 高:3092.04 低:2850.71 收:2927.29 量:4.67亿 幅:-1.27%

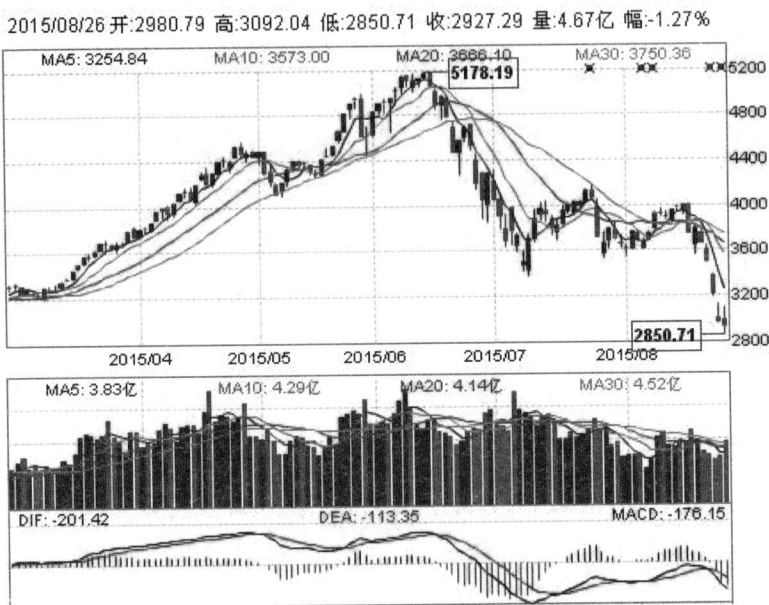

图 8-1　回避所有 MACD 黄白线在 0 轴下面的市场或股票

住 0 轴再说。

当然，如果技术高点，完全可以在底背驰的情况下介入，很多第一类买点都是在 0 轴以下产生的。这是最高的，但这里不能给太高的要求，一切都要傻瓜化，如果你连 MACD 黄白线是否在 0 轴以下都看不懂，那就彻底离开这个市场吧！

由此，得出散户的最佳买点，在你的操作级别上，MACD 黄白线上了 0 轴以后，回抽 0 轴的结束点（黄白线金叉），这是散户的最佳买点，也就是第二买点。这个买点的准确性与级别有关，级别越大，准确性越高，反之越低。

为了直观，再插个当下的图 8-2。假设你的操作周期是 30 分钟。

图 8-2　散户的第二买点

二、避开大的回挡

缠论认为，做好"防狼术"，就一个原则：避开大的回挡，借回挡踏准轮动节奏。

（1）有一个抛股票的原则，分两种情况，一种是缓慢推升的，一旦出现加速上涨，就要时刻注意出货的机会；另一种是第一波就火爆上涨，调整后第二波的上涨一旦出现背驰或放巨量的，一定要小心，找机会走人。具体的操作是一个火候的问题，必须自己用心去体会，就像煲汤，火候的问题是没法教的，只能自己在实践中体会。第一种缓慢推升，已经出现一个中枢，加速上涨是对中枢的离开，一旦出现背驰是中枢震荡中的上方卖点。第二种是第一波火爆上涨，调整后也就是一个中枢之后再上涨出现背驰或放巨量后继乏力，同样属于中枢震荡的上方卖点。

（2）在牛市中，一定要严重关注成份股，特别是有一定资金规模的，成份股都是大部队在战斗，别整天跟那些散兵游勇玩。牛市中，最终所有股票都会有表现的机会，只要掌握了节奏，资金的利用率就高。

这里反复出现了"牛市"这两个字，缠论只操作盘整与上涨，而盘整从本质上说就是小级别的牛市。有资金规模的要关注成份股，个人理解对于有板块效应的也比较安全，其他股也可能涨，但是不够稳定。股票是轮涨的，把握好轮动节奏资金利用率才能高。学过缠论后可以用买卖点轮动，例如，出仓5F级别一卖的票，建仓5F级别一买的票。

（3）避开大的回挡，借回挡踏准轮动节奏。严重注意5F以上级别趋势背的出现，这种情况往往会有大的回挡。当走势触及最近一个中枢的区间时，通常可能回调。

（4）千万别相信什么基本面的忽悠，特别对于散户来说，最多也就一亿几千万的钱，有必要研究什么基本面吗？所谓基本面只是一个由头，给自己壮胆和忽悠别人用的。不要受外界消息的影响，一切以走势为准。

三、寻找最安全买卖点，如何正确抢反弹

所谓最安全的买卖点，就是在这个点位之后，市场必然发生转折，没有任何模糊或需要分辨的情况需要选择。缠论是一套著名的投资理论，适合一切具有波动走势的投资市场，神奇地预测了2007年由美国次贷危机引发全球金融危机，并利用独创理论体系推理及假设分类推导美国股市和我国股市的顶底。其核心思想为"走势必完美"，目的是寻找最安全的三类买卖点。

缠论认为，例如，一个最实际的问题，如果按照理论，至少有一个30分钟级别的反弹，那么具体的操作应该怎么安排？首先，你必须搞清楚反弹可能的具体走势形式，因为同样是30分钟级别，不同形式，对应的操作难度与方式都是不同的，而最大的难点在于，你并不能事先知道

反弹究竟用什么方式，因为这涉及预测，而一切预测都不能纳入操作计划的范围，只能聊天吹牛时使用。所以要解决这难点，必须从绝对性出发，里面不能涉及任何预测。

对一个30分钟的走势类型，我们能绝对性指出的无非有一点，就是这个反弹至少有一个30分钟级别的中枢，而有这就足够了，为此就可以构造出一套绝对性的操作方法。

某级别的中枢都是由三个以上次级别走势类型重叠构成，也就是说，一个30分钟的中枢，一定涉及上下上的三个5分钟走势类型。这就是构成我们操作绝对性的最坚实基础。

显然，没有任何绝对性可以保障上下上中，最后一个上一定有比第一个上有更高的高点，特别那种所谓奔走型的反弹，后上的高点可能只刚好触及前上的低点，如果你一定要等上下上都完成才抛出，那很可能面对这样的尴尬，就是你在第一个上的最低点买的，在上下上的电梯过后，你只有一个可能连手续费都不够、稍纵即逝的卖点。这种操作，注定是只有相对的理论上的绝对安全性，而没有具体操作上的绝对安全性。要解决这个问题，只能从第一上就开始分解操作，也就是说，没必要等待第二个上了，既然每次上之后都必然有一个同级别的下，而这下的幅度又是不可能绝对控制的，所以还不如就把操作分段，让分段提供给你绝对的具体操作安全。

在这种分析下，具体的反弹操作一定是同次级别分解方式进行的，也就是说，30分钟级别的反弹，是按5分钟的节奏去处理的。

首先，注意这只是统一的处理方法，其实实际操作中，一旦第一上与下出现后，可能的走势形式，就有了很大的绝对性确认了，例如，一个30分钟中枢后接一个第三类买点，然后非背驰力度地强劲拉升，那你就完全可以开始坐轿子，等第二中枢，甚至第三、第四、第五中枢完成出现背驰后第三类卖点再说了。

其次，更要注意这绝对性的具体操作还不是平均效率最高的，就是保持部分仓位，用余下仓位进行换股轮动操作，对于资金少的，这更可以全部仓位进行，不过这技术要求更高，就不多说了。

最后，一定不要去预测什么反弹还是反转，这根本没意义。反弹越搞越大，最后就自然成了反转，而是否如此，根本没必要知道，你唯一需要知道的就是，只要在第一中枢后出现第三类买点并形成非背驰类向上，才可以流着口水地持股睡觉等其余中枢形成，否则，随时都有被反回来的风险。

有人喜欢精确定义，那么这里其实也给出了什么是上升趋势形成的最精确定义，就是在第一中枢后出现第三类买点并形成非背驰类向上。趋势形成，只要趋势没有扭转的信号，当然就可以睡觉，这是太常识的东西了。

下面，将开始具体分析各种可能的反弹类型，这对具体的盘整操作也是有极大用处的。不过必须补充的是，实际的操作效果还是必须靠磨炼，而反弹如此，回调的操作反过来就是，更不用多说。

为了直观，现在分析当下，按照理论，日线上笔结束后，必然是日线下笔，这是必然的，那么现在关键是寻找这个下笔的结束点，如何寻找？日线下笔里面，必然是一个 5F 走势类型，那就包含至少一个 5F 级别的中枢，这是理论所保障的。日线下笔的结束，首先要出现至少一个 5F 级别的中枢，而现在连一个这样的中枢都没出现，你抢什么反弹呢？

下面结合实战案例来具体演示如何抢反弹，抢反弹有哪些方法。

1. 利用均线系统抢反弹

（1）股价回调至中期 60 日线附近的强势反弹，通常情况下表明，有主力资金在其中运作，这种个股由于主力介入较深，往往回调的幅度和时间较短，反弹的空间较大。

图 8-3 是 000550 于 2009 年 8~11 月的日 K 线图，该股三次在 60 日线附近止跌反弹，期间每次都是放量上涨，缩量回调，持续涨幅近 50%。

（2）股价回调至长期 120 日，250 日均线附近的弱势反弹，通常情况下表明，虽然没有较多的资金在其中运作，但根据市场自身的运作规律，有一个自我修复的过程，因此反弹的力度较弱，空间较小。在长期趋势

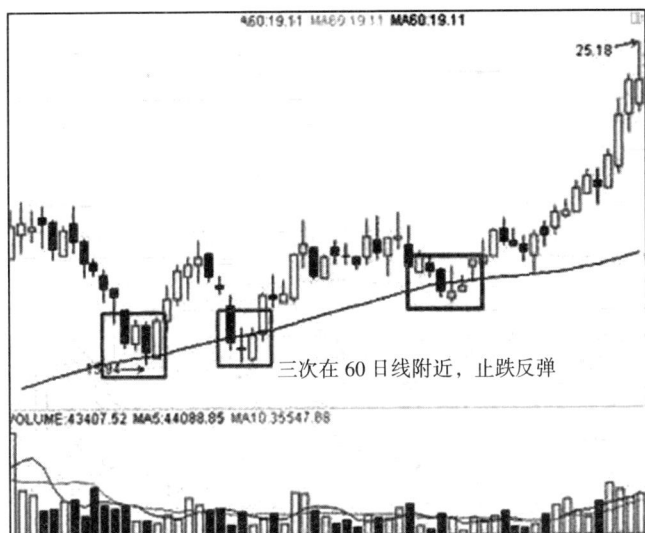

图 8-3　60 日线下方止跌反弹

线止跌的时间越长，发生反弹的概率就越大。

图 8-4 是 600037 的日 K 线图，该股于 2010 年 4 月 20 日，在 120 日线附近形成底部锤头线，之后股价在量能的推动下，涨幅近 15%。

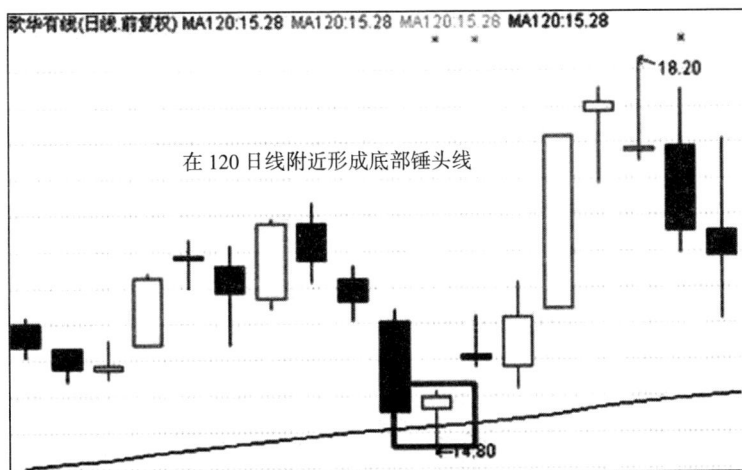

图 8-4　低位锤子线

图 8-5 是 601766 中国南车的日 K 线图，股价于 2009 年 8 月中旬至

11月中旬，在250日线附近蓄势震荡调整近3个月，之后在量能的推动下，展开了一波近30%的涨幅。

图8-5　围绕250日线震荡蓄势

2. 利用K线组合抢反弹

要求具备一定的技术研判功底，尤其是对K线组合的研判，要求较高。以底部十字星和底部阳线为例。

（1）底部十字星的K线组合。图8-6是300014亿纬锂能（300014）的日K线图，该股从2010年4月初到5月中旬，连续缩量下跌，并于5月18日形成探底十字星之后，次日即放量上涨，之后继续持续放量上涨，最大涨幅近50%。

（2）复合型的底部阳线+十字星K线组合。图8-7是300026红日药业（300026）的日K线图，该股自2010年2月1日放出1.62亿元的巨量，并于2月3日形成底部十字星，两个形成标准的复合型K线组合，形成之后，股价出现了一波接近50%的涨幅。

3. 利用价格密集区抢反弹

（1）特征：股价快速下跌，虽然跌幅偏大，但量能较小。

（2）含义：通常情况下，表明主力资金没有出局的意愿或根本无法出局，一旦稍有利好，就会马上放量反攻，其中放量有三层含义：一是低

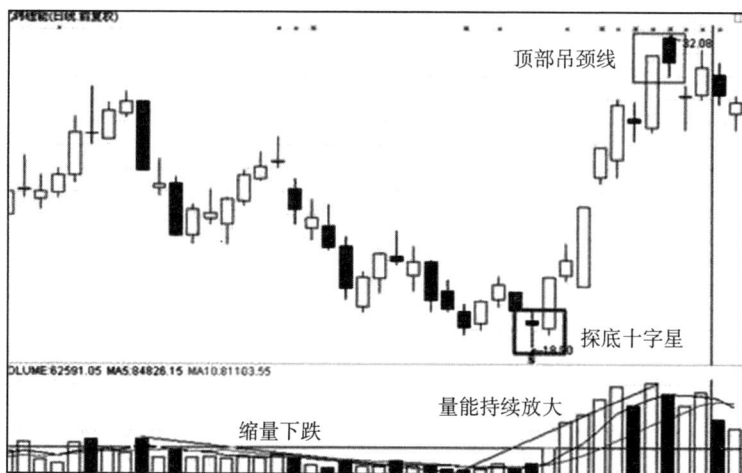

图 8-6　底部十字星的 K 线组合

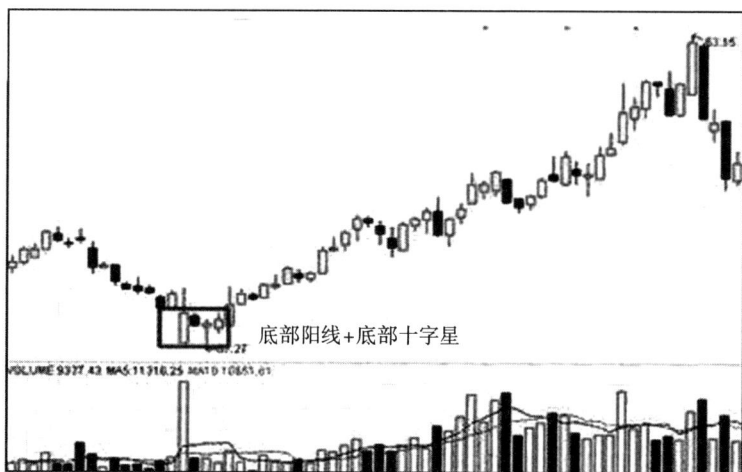

图 8-7　复合型的底部阳线 + 十字星 K 线组合

位抄底盘进场；二是高位套牢盘补仓；三是高位套牢盘卖出。

（3）规律：遵循股价向压力最小的方向运行的规律，离价格成交密集区越远，反弹的阻力就越轻，反弹的力度也就越大。

图 8-8 是 601002 晋亿实业（601002）的日 K 线图，该股在 2009 年 8~11 月形成了一个低位的价格成交密集区后止跌反弹，涨幅超过 30%，之后在 2009 年 12 月至 2010 年 4 月形成了一个高位价格成交密集区，连

续缩量快速下跌，并于 2010 年 5 月中旬至 6 月初，回调至前期价格成交密集区之后，放量快速反弹，近期涨幅已经超过 20%。

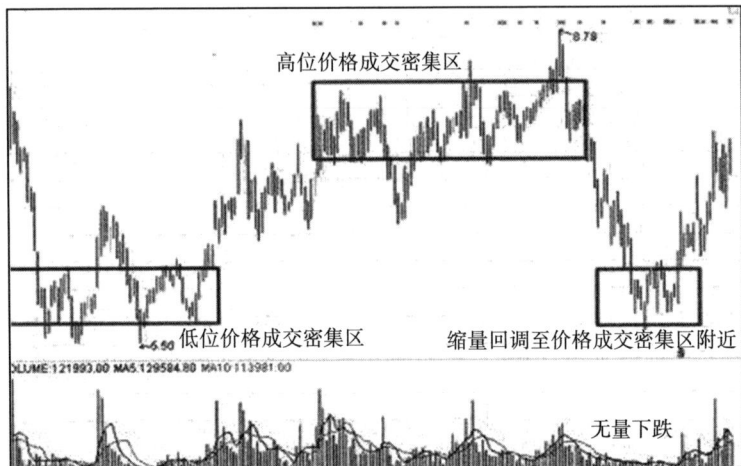

图 8-8　股价向压力最小的方向运行

4. 背离抢反弹

成交量缩量，60 分钟 MACD 调整到位，如图 8-9 所示。

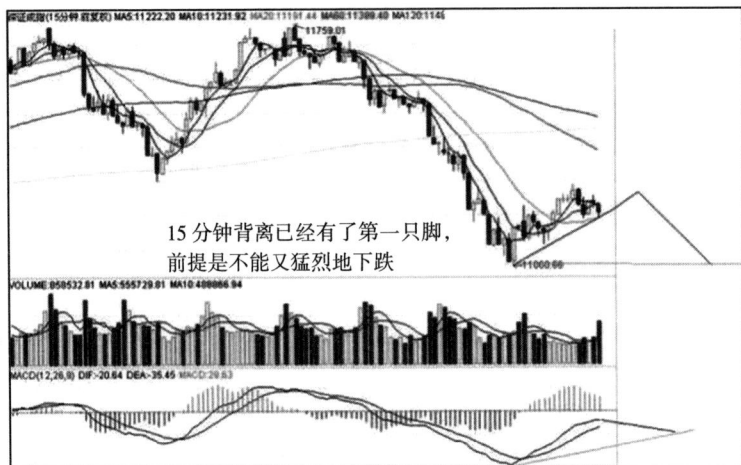

图 8-9　背离抢反弹

MACD 绿柱已经持续缩小，说明离反弹已经不远，如图 8-10 所示。

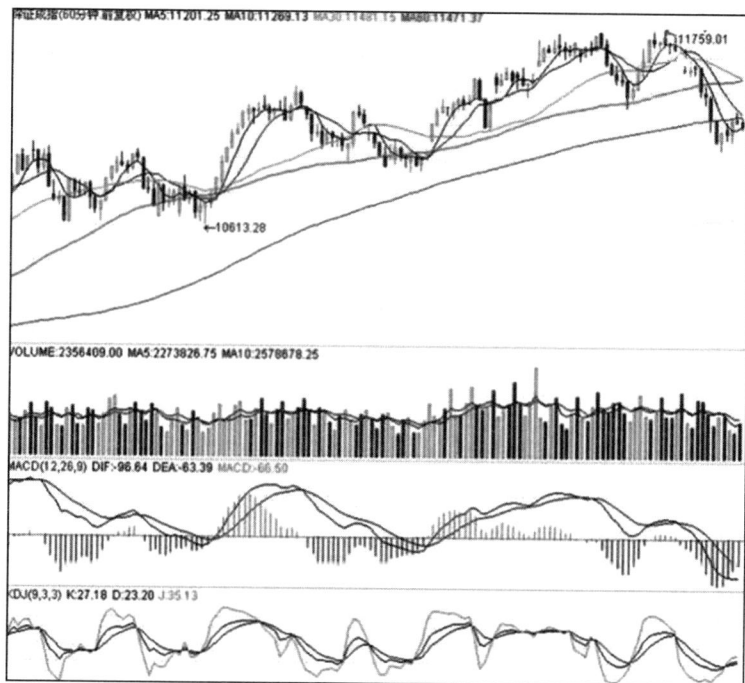

图 8-10　MACD 绿柱已经缩小

四、严格遵守分类原则

投资领域，没有任何理论可以描述这种从"面"的输入"里子"输出的必然关系，因为这种关系根本不存在。但人只要介入这种投资游戏，其介入就必然要以某种方式进行，相应地，其后必然有着某种理论、信念的基础。而正因为绝对正确的不存在，因此反而使得各种理论、信念基础之间有了比较的可能。

具体对于股票来说，按其是否萌动的标准，把所有股票动态地进行分类，一种是可以搞的，另一种是不能搞的，将你参与的股票限制在能搞的范围内，不管任何情况，这是必须遵守的原则。当然，搞的分类原则，个人可以有所不同。例如，250天线以及周线上的成交量压力线的突破；资金量不大且短线技术还可以的，可以把250天线改成70天线、35天线，甚至改为30分钟图里的相应均线；对新股，可以用上市第一日的最高价作为标准，就是接近安全线的股票；而对于有一定水平的人，识别各种空头陷阱，利用空头陷阱介入是一个很好的方法。

市场也只有两种，分为能搞的和不能搞的。必须坚持的是，不能搞的就无论发生什么情况都不能搞，除非能达到某种能搞的标准而自动成为能搞的对象，一旦被搞的分类原则确定，就一定要严格遵守。

"只搞能搞的"原则。可惜，这样一个简单的原则，绝大多数的人即使知道也不能遵守。人的贪婪使得人有一种企图占有所有机会的冲动，这种人叫"花痴"，"花痴"在投资市场的命运一定是悲惨的。

设计一个程序，将所有投资对象进行分类，只搞那些能搞的，这是投资的第一原则。在数学中，有一个乘法原则可以完全解决这个问题。假设三个互相独立的程序的"下跌"率分别为30%、40%、30%，这都是很普通的并不出色的程序。那么由这三个程序组成的程序组，其"下跌"率就是 $30\% \times 40\% \times 30\% = 3.6\%$，也就是说，按这个程序组，干100次，只会出现不到4次的"下跌"，这绝对是一个惊人的结果。

现在，问题的关键变成如何去寻找这三个互相独立的程序。首先，技术指标，都单纯涉及价量的输入而来，都不是独立的，只需要选择任意一个技术指标构成一个买卖程序就可以。对于水平高点的人来说，一个带均线和成交量的K线图，比任何技术指标都有意义。其次，任何一个股票都不是独立的，在整个股票市场中，处在一定的比价关系中，这个比价关系的变动，也可以构成一个买卖系统，这个买卖系统是和市场资金的流向相关的，一切与市场资金相关的系统，都不能与之独立。最后，可以选择基本面构成一个甄别"下跌"的程序，但这个基本面不是单纯指公司盈利之类的。

任何人都可以设计自己的独立交易程序组，但原则是一致的，就是三个程序组之间必须是互相独立的，像人气指标和资金面其实是一回事，各种技术指标都是互相相关的等，如果把三个非独立的程序弄在一起，一点意义都没有。

五、识别各种空头陷阱

识别各种空头陷阱，利用空头陷阱介入是一个很好的方法。这里空头陷阱就是缠论的买点，买点只在下跌时形成。

所谓空头陷阱，简单地说，就是市场主流资金大力做空，通过盘面中显现出明显疲弱的形态，诱使投资者得出股市将继续大幅下跌的结论，并恐慌性抛售的市场情况。最近一段时间，急转直下，龙头股纷纷跳水，指数连续快速地下跌，这时投资者更要谨防空头陷阱。对于空头陷阱的判别主要是从消息面、资金面、宏观基本面、技术分析和市场人气等方面进行综合分析研判。

空头陷阱往往发生在行情盘整形成底部时，成交量同样极度萎缩，但多数投资者因极端看淡后市而不愿买多介入，故其形态完成也相对较长，并具有以下特点：

（1）在多头市场中的空头陷阱是行情价格往往处于大回档调整后的盘整阶段，或者在空头市场中的阶段性下挫之后的盘底阶段。

（2）主要均价线的压力有越来越接近市场行情价格的趋势，原下跌角度逐渐从陡峭趋于缓和。这种情形只要未来有一根长阳，则均线的反压系统将可能被克服。

（3）量虽是萎缩，但中短期均量线有形成上翘之势，甚至可能略微形成 W 底态势。

这是一个空头陷阱的例子，如图 8-11 所示。

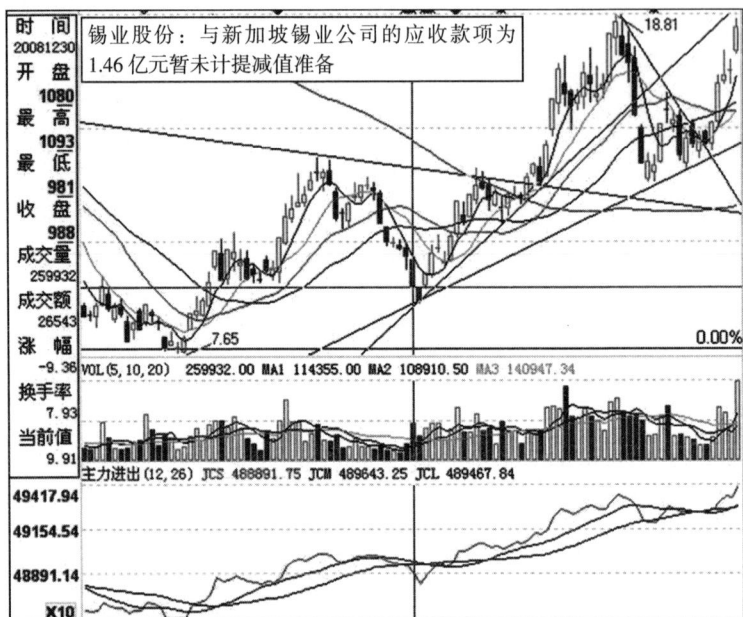

图 8-11　空头陷阱

在判断市场是多头陷阱还是空头陷阱时，盘面表现是关键，在一些主力手法很隐蔽时，判断会比较困难，但有一个要点，即一定要谨慎，具体而言，空头陷阱的操作策略是：在盘底形态或筑底过程中，宁可保持观望的态度，待多头市场的支撑失守后或空头市场的压力确认坚固后再行做空不迟，否则，空头陷阱一旦确立，必然在原趋势线突破后介入做多，因为以后的一段可观的涨势中做多的利润将远大于做空止损的损失。

四招识别空头陷阱：

1. 大肆打压击穿成本位

这是一种最传统的手法，主力在建仓完成后，往往利用大势转弱或利空消息，疯狂打压股价，有时甚至不惜击穿自己的建仓成本，以此震慑中小投资者，获取更多的廉价筹码，为今后的拉升清除障碍。当今盘中主力——比如最重要的市场主力：新基金在对过去这种手法的运用上更加娴熟，又有了发扬光大。主要表现在：步调更趋一致，时间更长，幅度更大，反技术倾向更加明显，并在拉升前更多地采用与震荡摊底成本相结合的复合手法。

2. 跌破平台整理区

在大盘见底后，悄然建仓，小幅走高后构筑大型整理平台，但正当场内投资者进一步看好该股，期待收益时却突然用一根或几根大阴线迅速击穿平台区，当大家措手不及、仓皇出逃，还来不及反应时又迅速拉起，进入主升浪。

3. 击穿箱底后迅速回拉

特别是在一些中、大盘群众基础比较好的个股中这是主力惯用的手法。

4. 击穿上升通道下轨后企稳回升

通过研究发现，每次在犹豫中诞生的行情往往在初起阶段会有非常多的个股采用这种手段延长吸筹时间，增加吸取低价筹码的量，如图 8-12 所示。

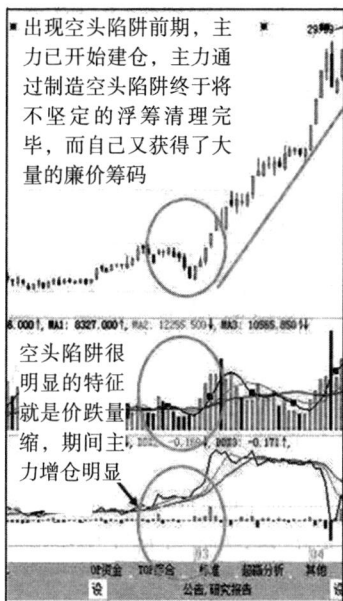

图 8-12　空头陷阱的量价特征

有时候，空头陷阱就是一个很好的买入机会，具体的判断方法有三点：一是个股长期处于调整状态，在股价出现在历史低位区的时候，就要引起高度关注；二是成交量变化，在前期震荡筑底的过程中，若出现不规则的放量现象，上升通道中量能放大，下跌时呈无量空跌的状态；三是年线转为上行，中长期均线系统保持向上趋势，在股价跌到年线的时候获得支撑。

下面就结合实例和大家详细地介绍一下：

莱钢股份在 2016 年经过调整之后，在 2016 年 1 月企稳，在 1~3 月该股在地位震荡中成交量持续放大，10 日均线回升到了三四百万股，有非常明显的资金吸纳；在 3~4 月，又出现了一个小的推高行情，成交量会继续温和增大；在 5 月初，趁大盘回升之际，主力打压震仓，但结果是股价无量快速下跌，形成了空头陷阱。在之后的半年线上方站稳脚跟，这时股价就已经跌到主力原始的成本区了，如果符合条件的话，那买入的时机就已经来临了，经过一小段时间的整理，上升行情就又开始了，如图 8-13 所示。

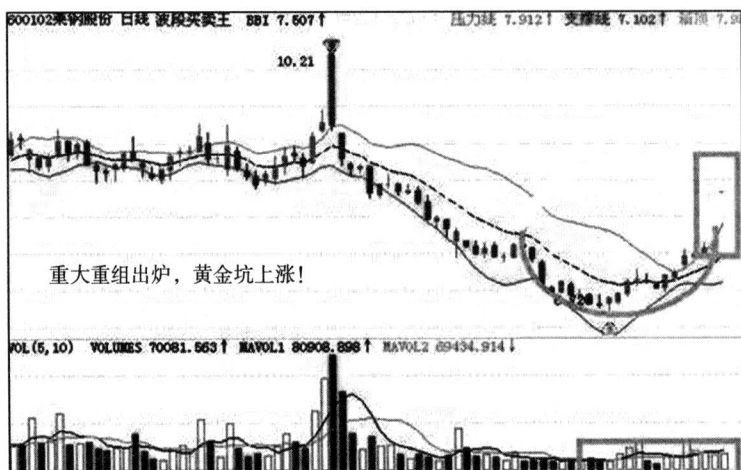

图 8-13　黄金坑上涨

第九章 缠中说禅负成本战法9: 回避风险

一、市场风险如何回避是极其重要的

所谓利润实际上就是风险的产物，而不是欲望的产物。将风险放在第一位，是可以自身控制和规避，但不是逃避，由于所有利润的获取都是承担一定风险才能得到的回报，只要操作思想正确，对于该承担的风险我们要不慌不忙。

缠论这样说过："首先要搞清楚的，什么是市场的风险。有关风险，前面可以带上不同的定性，政策风险、系统风险、交易风险、流通风险、经营风险等，但站在纯技术的角度，一切风险都必然体现在价格的走势上，所有的风险，归根结底，最终都反映为价格波动的风险。例如，某些股票市盈率很高，但其股价就是涨个不停，站在纯技术的角度，只能在技术上衡量其风险，而不用考虑市盈率之类的东西。"

其他的一切风险，必然会反映在走势上，而只要走势是延续的，不会突然被停止而永远没有了，那一切的风险都在理论控制之中，这是一个最关键的结论，应用本理论，是首先要明确的。但更重要的是，停止交易不是因为市场的原因，而是因为自身。任何的交易都必须有钱，也就是交易的前提是先有钱，一旦钱是有限期的，那么等于自动设置了一个停止交易的时限，这样的交易，是所有失败交易中最常见的一种，以前很多人死在透支上，其实就是这种情况。任何交易的钱，最好是无限期的，如果真有什么限期，也是足够长的，这是投资中极为关键的一点。

一个有限期的钱，唯一可能就是把操作的级别降到足够低，这样才能把这个限期的风险尽量控制，但这只是一个没有办法的办法，最好别出现。

除了走势，又有什么是更值得相信的？而那些更值得相信的东西，又有哪样不是建立在金钱之上的？资本市场就是一个金钱的游戏，除了钱，还是钱。只有钱是唯一值得信任的，而钱在市场上运动的轨迹，就是走势。这是市场中唯一可以观察与值得观察的东西。一切基本面、消息面等的分析，最终都要落实到走势上，要让实在的钱来说话。只要有钱的运动，就必然留下轨迹，必然在走势上反映出来。

应用本理论的人，绝对要首先认清楚这一点。对于你投入的钱来说，那些能让你在下一时刻变成更多的钱出来的凭证就是有价值的。如果有一个机器，只要你投 1 块钱，1 秒钟后就有 1 万亿块钱出来，那傻瓜才炒股票。可惜没有这机器，所以只能在资本市场上玩。而市场上，对任何的股票都不值得产生感情，没有任何股票可以给你带来收益，能给你带来收益的是你的智慧和能力，那种把钱在另一个时间变成更多钱的智慧和能力。

真正可以"依靠"的不是你手中的股票，而是你的"智慧和能力"，相信自己的努力，相信自己的能力！

缠论指出，所谓非系统风险实际上是不可准确预测的，只能够进行相应的有效防范，这些要点是必须要注意的：

（1）一个最终结果取决于价格与价值的相互关系。当市场处于低估阶段时，就必须注意向多政策的影响，相反地，当市场处于泡沫阶段时，就应该注意向空调控的影响。

（2）最终的盈利就是在于个股，一个有着长线价值的个股，是抵抗一切中短分力的最终基础。所以，个股所对应企业的好坏和成长性等都是一个基本的底线。只要该底线能不被终结，那么，所有都只是过眼云烟，而中短的波动反而提供了长期介入的买点。

（3）必须控制仓位。将资本市场当作赌场的，永远进不了资本市场的门。在进入泡沫化阶段之后，必须坚持只战略性持有，不再进行战略性买入的根本原则。

（4）恐惧和贪婪都是导致失败的祸首。假如你保持好的仓位，有大量的应对资金和低成本，则使得市场的风将你送到足够远的地方。你可以对政策保持警觉性，然而不必对政策如惊弓之鸟，每天自己恐吓自己。

（5）一旦政策硬调控产生，就要在一切可能的机会出逃。在历史上所有硬调控的产生，其后尽管调整空间不太大，然而时间也少不了。

（6）关键还是必须在上涨时赚取足够的利润。假如你已经 N 的平方倍了，即便用一个 10%~20%去留给这飘忽不定的非系统风险，那还不是理所当然的事情？成为市场的最终赢家，与是否提前一天逃掉没有任何关系。在资本市场中并非光靠这种奇点游戏就能成的。心态要放平稳一点，关键就是反应，而不是预测。

（7）必须养成好的操作习惯。只有成本为零的时候，才是最安全的，这大概是完全规避市场风险的唯一办法。

（8）是否能明确定量和系统化，从根本上一定要限制住你的单次和总的交易风险，这就是区分赢家和输家的分界点，然后才是天赋、勤奋以及运气得到很大的业绩，而业绩怎么样，很大程度上取决于市场，即"成事在天"。至于输家再多么辉煌，都只是震荡而已，最后逃不脱输光的命运。

二、实盘操作风险的防范

人们都认为"股市有风险，入市需谨慎"，只是有精神上的"谨慎"

是不够的，如何将它体现到实盘操作中呢？缠论认为，必须有两个思路：

第一，必须提高买卖点的胜率，简单来说就是转折成功率。

那么，怎样来提高呢？其基本方略就是"确认、确认、再确认"。这三个确认就是指时序确认、级联确认以及关联确认。

缠论的三类买卖点则是高胜率操作点，它充分体现了上面所说确认的基本方略。例如，"区间套"则是级联确认的实践；缠论强调的不创新低的二买更适合于散户，则是时序确认的实践；缠论选股公式中的三个独立系统的乘法原则则是关联确认的实践；缠论重点推荐的第三类买卖点就是最典型的时序确认实践了，突破中枢，反抽不破确认，前后走势的结构明确地表达了合力的攻击意图，如图9-1所示。

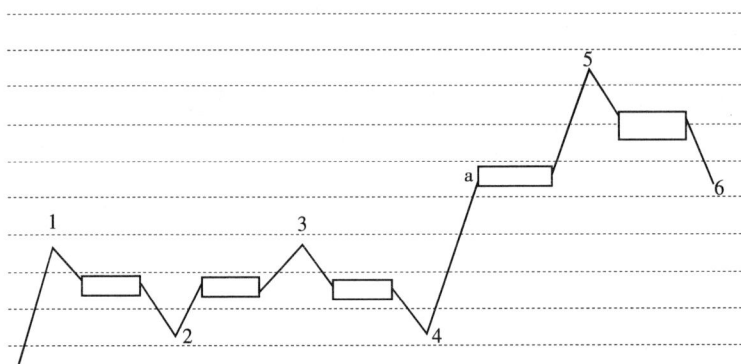

图9-1　突破中枢的形式

第二，必须提高买卖点的盈率，即风险利润比。

寻找高胜率的操作点还是远远不够，还应该给每一个操作带上"保险"。具体来说，就是给该操作点严格地设置意外退出（止损）与标准退出（止盈），与此同时，依照风险空间和利润空间的测量计算出这个操作点的盈率，接着在资金管理系统中寻找对应情况的仓位量化标准。尽管该操作点的胜率较高，然而盈率达不到交易系统的最低要求，唯一的选择是：舍去。

三、要防范价格波动的风险，必先弄清市场走势

缠论认为，我们看一看历史上的重大利好和利空出台的走势图，就能很清楚地明白"所有的风险，归根结底，最终都反映为价格波动的风险"。

缠论对趋势交易的理念和方法，有着深刻的理解和独到的运用。

（1）缠论认为走势反映一切。一切基本面、消息面等的分析，最终都要落实到走势上，要让实在的钱来说话。只要有钱的运动，就必然留下轨迹，必然在走势上反映出来。

经典趋势交易理论建立在三大假设基础上：一是市场行为反映一切信息；二是价格沿趋势波动；三是历史会重演。缠师这里说的是第一个假设。

（2）缠论讲究择时，等待合适的市场时机。这股票市场就如同提款机，时机到了，就去提款，时机不到，就让它搁在那。

（3）缠论讲究顺势。

（4）缠论讲究止损和资金管理。

（5）缠论讲究持盈。

（6）缠论讲究跟随趋势，少看指标。

（7）缠论为趋势做出了清晰的定义。任何级别的所有走势，都能分解成趋势与盘整两类，而趋势又分为上涨与下跌两类。

"走势终完美"这句话有两个不可分割的方面：一方面，任何走势，无论是趋势还是盘整，在图形上最终都要完成；另一方面，一旦某种类型的走势完成以后，就会转化为其他类型的走势。

另外，缠论在说趋势时，提出了"缠中说禅走势中枢"，用于寻找买点非常有意义。

（8）缠论对波浪理论也很有研究。股票最多做第三波，不做第四波。

我个人的理解，他说的应该是周线级别的。那么在波浪理论中，第三波上涨，是第五浪，随后就可能是下跌浪了。因此，虽然缠师认为波浪理论实战效果很差，但也有认同的地方。

最后，缠论中还有不少可以直接拿来抓牛股的应用。例如，买点、卖点、空头陷阱、背驰判断等。

四、必须控制仓位

缠师说过仓位的重要性，那么，究竟重要在哪里？以下需要一定数学功底。

前提：

市场非涨即跌，横盘现在可以抹去，并且横盘并非绝对的横盘，必有波动。

涨跌幅度假定一致，简化计算，掌握模型后可以调整。

（1）假如说现在是100%涨，仓位该是多少？

（2）假如说现在是50%概率上涨，即50%概率下跌，那么，仓位该是多少？

（3）假如说现在是80%概率上涨，20%概率下跌，请问仓位是多少？

仓位的问题，关键在于选择某个值（设为 x）使得进入市场后利润的数学期望最大，即高数中的条件极值。为了讲清楚模型，深入浅出从简单的开始，即化条件极值为无条件极值。

假设本金为1元，涨跌出现后的幅度都是100%，二者均为1，简化计算。

仓位设为 x，上涨概率 p，下跌概率 q（$p+q=1$），则利润的数学期望 B 等于 $p \times x - q \times x = (p-q) \times x$。

（1）100%涨时：即 $p=1$ $q=0$；则利润的数学期望 $B=x$，那么 B 什

么时候最大呢？显然是 x 最大的时候，即 100%仓位。

（2）50%概率上涨，即 50%概率下跌时：p = 0.5　q = 0.5，则利润的数学期望 B = 0 怎么玩都是交印花税佣金。

（3）80%概率上涨，20%概率下跌：即 p = 0.8　q = 0.2，则利润的数学期望 B = 0.6x 似乎又是应该 100%仓位可以最大化利润。

有人看到这里就要怀疑了，这个模型得出来的只有 0 仓位和 100%，是不是有问题？

还有人会质疑，这个 50%、100%、80%怎么可能知道，假如说有 100%岂不是全世界都赚钱了？

先回答第二个问题，先说明，分析全部基于缠论段分解的级别，把市场中的情况可以简单分成几个操作点（中枢内按照中枢震荡操作，这里不计算）：两个中枢下跌后的 c 段终结点；其回升后的第一个中枢结束后的新高点；回升后两个中枢的 c 段；一个中枢下跌后的 c 段终结点；其回升后的第一个中枢结束后的新高点；回升后两个中枢的 c 段。反过来还有六种情况，并且有重复。那么，这几个点，现在就是选择仓位的点。

很好，操作点有了，下一个问题是该点的涨跌概率。

（1）比较靠谱的，把 1990 年至今的图交给计算机计算出这几个点之后的涨跌概率以及涨跌幅度，绝对科学，称之为"概率缠论"。

（2）比较学院派的，根据各段力度计算这几个点之后的涨跌概率以及涨跌幅度，绝对符合缠论。

两个全计算了，相差不大。

再回答第一个问题，为什么计算出来的仓位只会是 0 和 100%？

要知道，刚才的模型把一切变量全部设为最简单，涨跌概率和涨跌幅度并不影响公式（一元一次函数），但是不要忘了，当把六个操作点全部考虑进去，仅仅考虑一次嵌套，就会把公式上升到一元二次，则得出的答案就不再是 0 和 1，而是一个介于 0 和 1 之间的数，这个数，使得这个操作点到下一个操作点之间的利润最大化。

下面是缠论操作标准流程，从中可以看出如何控制仓位。

缠论操作标准流程如下：

1. 级别与仓位管理

以大盘、创业板为例，根据时时走势级别制定仓位管理，个股根据所属种类参照仓位管理，个股与大盘的仓位管理相差不超过 30%。

2. 选股模型

依照中长期行业热点，选择行业回调完成的龙头。

3. 策略与应对

以大盘、创业板为例，每日制定各级别走势的可能发生的三种情况，并制定相应策略与应对。

4. 执行

（1）级别仓位与管理。

股票的操作本身就是具有严格执行力的人，可以坚决机械化操作的人可以驾驭市场的东西。

你的喜好就是你的痛点。

股票操作计划。

（2）制定每天的操作计划。

计划中，至少要有三种应对。

要严格对应级别的应对，大盘级别与个股级别，30 分钟，5 分钟，1 分钟。

级别 仓位买卖点	30 分钟标准（日线笔） 8/5 成仓位	5 分钟标准（30 分笔） 5/3 成仓位	1 分钟标准（5 分笔） 3/2 成仓位
一买	+1 成	+1 成	+3 成
二买	+4 成	+2 成	
三买	+3 成	+2 成	
一卖	-5 成	-3 成	-3 成
二卖	-2 成	-2 成	
三卖	-1 清仓	清仓	清仓

规定：最高仓位为 8 成仓位，即使可以也要在 1 分钟级别快速减仓
至 8 成。

举例：

按照大盘近期走势说说仓位的管理。

5F1B-1B：此处理论上应当仓位为两个级别叠加的，但因为之前的走
势是 1F 级别没有明显背驰走完，此处就只参与 1F 级别的 3 成。

5F2B-1B：之前的 5 分钟一买与二买叠加即是 3 成仓位+3 成 = 6 成。

5F3B-1B：此处之前还剩与 5 分钟级别的 3+2+3 = 8 成。

1F1S-3 成 = 5 成。

此后下跌红色箭头末端不加仓，因为 1 分钟级别盘整没有背驰。

5F3S-3S：由于此处是 5 分钟级别的三卖，理论上应当清仓本级别与
以下级别的仓位。

注：每个红色箭头代表一份级别的走势，黄色圈圈是重要的买卖点
位，如图 9-2 所示。

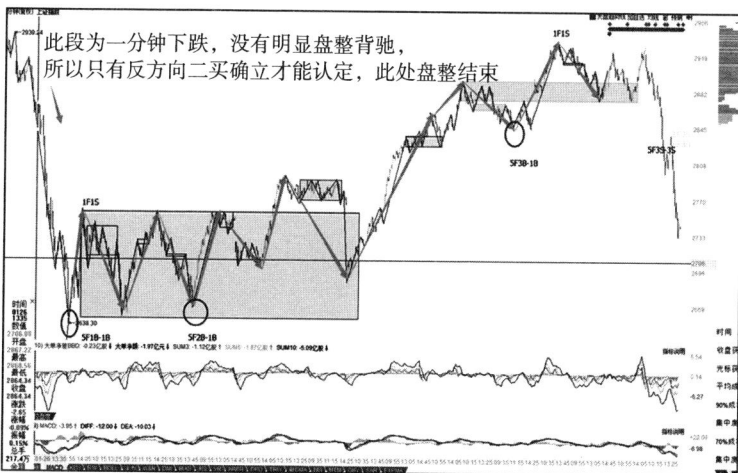

图 9-2　重要的买卖点位

创业板的近期走势，依照这个，做一下仓位管理。

5F1B-1B：此处和大盘相似，只加 1 分钟的仓位+3 成。

5F2B-1B：5 分 3 成+1 分 3 成 = 6 成。

5F3B-1B：6-3+5F3 成 + 1F3 成。

5F1S-1S：8-3-3=2 成。

5F2S-2S：此处下跌级别是 1 分钟的，对应的是 1 分钟级别 2S，可以不操作，但如果之前 5F 的一卖没有操作，此时可以剪掉 5F 一卖的仓位。

1F3S 也是 5F3S：由于最后的快速下跌，仅仅是 1 分钟级别的下跌，理论上没有形成标准 5F2S，此时点位也跌破之前 5 分钟第三个中枢地点 2182 点，也是 5F3S2-2=0 成，清仓，如图 9-3 所示。

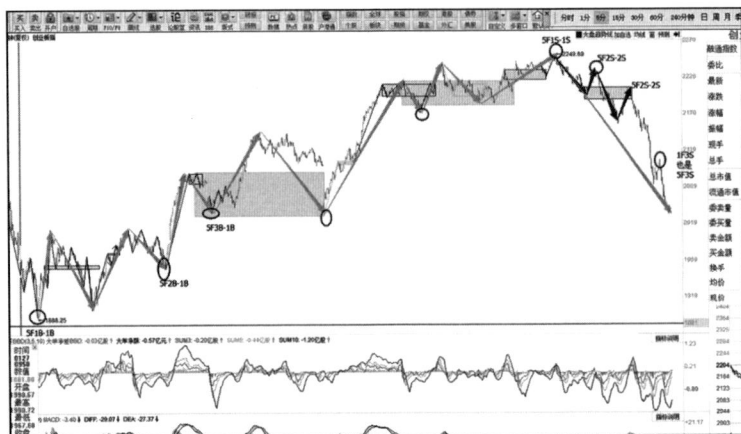

图 9-3　清仓

当时假如创业板发生延伸，则：

5F1S-1S：此时，对应仓位，应该是 8-3-3=2 成。

5F2S-1S：在 5F1S-1S 这个点位之时，仓位应该是 2 成，此时红色箭头对应一分背驰，-2=0。

30F2S-1S：此时笔数为 9 笔构成延伸升级，30F 二买加一买 = 5 成，+1F1B=8 成。

图 9-4 中，5 分生长成 30 分。

30F1B-1B：30 分一买，5 分一买，理论上没生长之前不知道一定会生长，所以此处的 30 一买，不参与此处仓位。

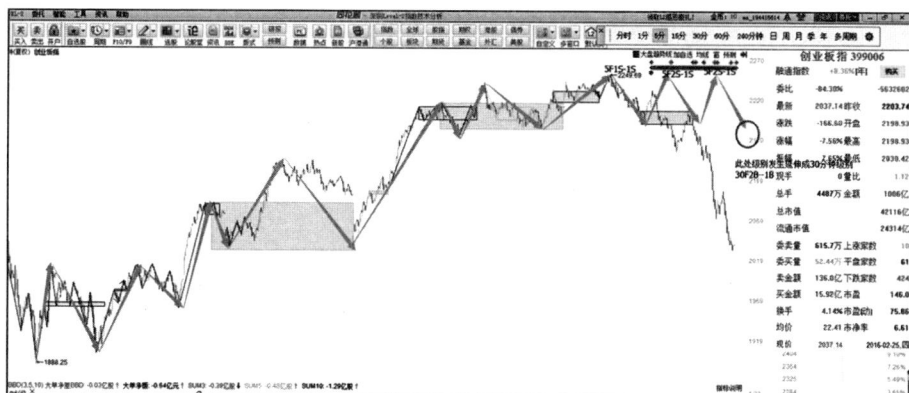

图 9-4　5 分生长成 30 分

五、股市中断尾求生的生存法则

　　投资就要懂得一些生存法则，才能让自己的资金在股市中得以循环下去。断尾求生就是一条股市中的生存法则，如图 9-5 所示。

假设：4.11 是第一类买点

图 9-5　第一类买点

　　每一条法则在运用的时候，都有一些前提条件，断尾求生的生存法则的两个前提是：散户做多视角，排除可以摊平成本的分仓买入模式。

当然，所谓的断尾求生，就是运用缠论的技术手段在买点试错买入后，如果出现判断失误或是发生意外情况，在止损信号发生的当下坚定执行退出程序，这样，就能够以较小的损失换取主要资金的安全和及时参与另一个买入的机会。接下来就通过几个例子来讲解。

第一，多方关键 K 线破底退出，如图 9-6 所示。

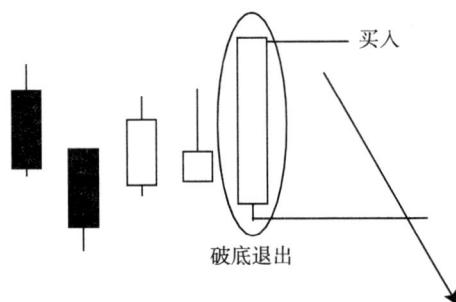

图 9-6　破底退出

在 K 线技术层面上，如果在买点附近的多方放量突破型关键 K 线的收盘价试错买入，看到这个多方关键 K 线的底被有效跌破就是一个止损信号。

第二，末升低点破底退出。

在折线技术层面上，如果在买点试错买入后，看到末升低点的底被有效跌破就是一个止损信号。例如，在高右脚二买买入后，如果有效跌破一买就止损，如图 9-7 所示。

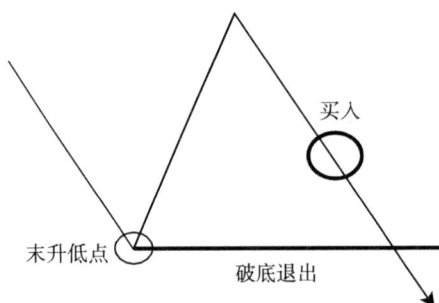

图 9-7　末升低点破底退出

第三，底分型破底退出。

在 K 线技术层面上，如果在构成买点的有效底分型的右侧 K 线试错买入，看到这个底分型的底被有效跌破就是一个止损信号，如图 9-8 所示。

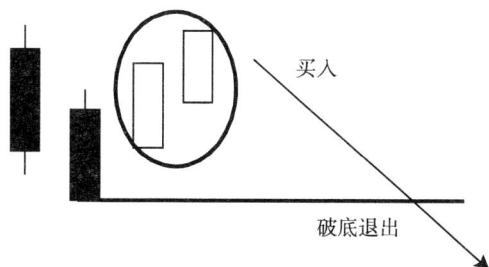

图 9-8　底分型破底退出

当然，设置买入退出程序的止损信号不只有上面这些，还有很多，上面的例子仅仅作为大家的一种参考，当然上面的例子能够表现出笔者运用缠论投资的基本思路，那就是"破底退出"。

第十章　缠中说禅员成本战法 10：戒"贪"

一、股市中最大的敌人是赌徒心理

所谓赌徒心理，简单地说，就是输了还想再把输掉的赢回来，赢了还想继续赢下去，使自己的占有欲得到进一步的满足。

股市中最大的敌人之一，就是赌徒心理和赌徒思维，如果以赌徒心理参与股市交易，那么结局就已经注定。就算现在还没在锅里，那也只是养肥了再煮而已，结局都一样，没什么区别。

1. 赌徒心理的特点

（1）几乎绝大多数的人进入股市时，根本不知道股市是什么，然后就不断投入。最后有些人输红了眼，砸锅卖铁全部投进来了。

（2）预设一个虚拟的目标，一个想象中的目标，完全无视股市本身。

（3）有人亏钱了，然后就想，等反弹到××价位一定出来，以后不玩了这种想法其实也是赌徒心理。

（4）怕失去机会，怕失去了赚大钱的机会。每天都在想：万一走错了怎么办？万一走了还涨，不就亏了？诸如此类。

2. 赌徒心理的表现

（1）砍了又追，追了又砍，完全被一股无名的引力牵引，就往那鬼窟里去了。这种所谓杀红了眼的人，最后的结局就是被股市消灭。

（2）不敢操作。看到机会到来，犹豫害怕。等到市场真正起来了，又后悔没有及时进场，然后在多次犹豫之后终于下决心追了进去，5元不敢买的，过段时间涨到50元都敢买，结果又被杀跌套牢。

（3）听消息，找捷径，以为这世界上总有一个馅饼能砸着自己，就算偶尔能吃到点"馅饼"，但是抱着这种侥幸心理能一直在股市中生存吗？

（4）我要赚钱买房、买车。投入股市之后，就想着很快把装修的钱赚回来，把买车的钱赚回来。可悲呀，你以为股市是慈善场所？

3. 赌徒心理的纠正

（1）股市只是生活的一部分，仅此而已。如果有十足的把握，可以选择进入。如果没有十足的把握，可以选择离开。

（2）在股市中生存，从来就不是靠一次暴富得到利润的。而暴富之后，最后倾家荡产的例子却很多。

（3）股市中，真正的成功都是在严格的操作下完成的。操作失误了没有什么大不了，股市中的机会不断涌现，错过了就错过了，后面仍有无数的机会。一个严格的操作程序足以保证你长期的成功。

（4）你要用零成本投入。当然，实际上也没必要这样严格。你可以把完全不影响生活的钱拿出来，告诉自己，这就是你唯一的资本，没有后援和退路，然后就用这些成本来创造你自己的神话。

（5）绝不追涨杀跌。

为何下跌不敢买却敢卖？因为恐惧：后面还会跌的。

为何上涨不卖出却追买？因为贪婪：后面还会涨的。

克服恐惧和贪婪就是战胜自己，这才是股市取胜的根本要义。

缠论就是一套跌买涨卖的操作方法，跌出买点就买，涨出卖点就卖，如此而已。

二、缠中说禅眼中的贪、嗔、痴、疑、慢

"股票从来就不是股票，而是你的贪、嗔、痴、疑、慢；没有任何的失败相关于股票，而只关于你的贪、嗔、痴、疑、慢，股票不过是一个幌子，一个道具。""在西方，真正在资本市场上有成就的，基本都成了哲学家。没有对市场的洞察，靠整天这消息、那题材地折腾，那永远只能在散户的区间中震荡。有此眼界，不一定能达此高度，毕竟眼高手低也是通病；但无此眼界，就一定不可能达此高度。"市场，没有逻辑，本理论给了市场以逻辑。

（1）所有的顶点都必然是顶分型。

（2）中枢震荡的卖点都是出现在向上离开中枢时。

本理论特别强调：宁愿卖错，绝对不能买错。很多人，被自己的贪、嗔、痴、疑、慢所迷惑，宁愿用十几点去对赌几百点，用 1% 的可能去对赌 99% 的可能。如果 1% 可以换来 100 倍的收益，那当然没问题，但事实上根本不是这样。那么，为什么还要坚持？说白了，只有五个字：贪、嗔、痴、疑、慢。

对于散户来说，本质上没有卖错，只有买错。为什么？卖错又不会亏钱，买错就不同了。卖错了，有钱，这么多股票可以选择，为什么要在一棵树上吊死？实际上，只要你不被自己的贪、嗔、痴、疑、慢所左右，根本也不存在卖错的问题。

贪、嗔、痴、疑、慢是佛家修行的五大心理障碍，所谓贪是指对物质需求的欲望太大，什么都不愿放弃，什么都想归为己有；所谓嗔是指稍不如意就雷霆大怒，凡有错误怨天尤人；所谓痴是指执着于某事不能自拔，无论对错坚持到底；所谓疑是指怀疑一切，谁说的我都不信，我自己其实也拿不出什么主意；所谓慢是指老子天下第一，别人若求我就

只有耐心等候。有些原则性的东西真是放之四海而皆准，以上五大障碍，对应炒股而言，竟然也有许多的雷同之处，下面我就这五个方面来谈谈炒股的心态。

第一谈贪。有不少人10元钱买的股票涨到12元还不卖，为什么呢？因为走势很强，肯定还会涨，何不多挣一点呢？结果跌下来了，到11元，心想12元都没卖，难道11元卖不成？都跌了1元了，肯定会有反弹或者是上升途中的调整，过两天还创新高呢，结果过两天跌到10元了，坏了，上升通道被破坏，看样子真的要反弹出货了，一到11元我就卖，过两天真的反弹了，可惜只到10.8元，忍一忍，又跌下去了，现在刚好能平推，心想一个月下来，一点不挣怎么行，非要挣了钱再走，再看看吧，这一看，奔9.5元就去了，唉，反正套住了，时间换空间，我就不信挣不着，结果三五个月过去了，深度套牢，这一念之差，造成多大的错误啊，所以说贪心不可有。

第二谈嗔。有的人摸爬滚打有几年了，看股票走势也有些经验，就是心态太差，总想买个最低价，一不留神没买着，后悔半天，总想卖个最高价，一旦没卖到，就火冒三丈，对自己不满意，对一切都不满意，折腾几回下来，钱没挣多少，火气挣了一肚子。如果漏了行情，或被套一下，心态就更差了，所以这样的人挣不了大钱，股票要做好，一定要有一颗冷静的心、一颗宽容的心。

第三谈痴。我们常在市场中听到所谓死多一说，如果做空能挣钱的话，估计还会有死空出现。这死多就是"痴"，行情的展开不可能是一帆风顺的，即使在大牛市中做死多，也是不符合市场的内在规律的，否则怎么会有人赚了指数赔了钱呢！所以我们一定要放弃诸如"永不割肉""长线是金"等无谓的原则，一定要经常修正自己的持仓结构，顺应潮流而动。

第四谈疑。散户炒股，有两种人肯定能挣，一种是自身素质很好，分析能力过硬的；另一种是有内线，与庄家有关系的，其他人则都在到处听股评，到处打听消息，技术分析也只是马马虎虎，结果就不知道信谁的好，自己也没有信心，行情来了也不见得敢跟，行情完了还不见得想撤，最终成了老股民，满口的行话，就是赚不着钱，所以作为散户，悉心钻研，苦练基本功，自己有主见，才能破这疑字关。

第五谈慢。这个慢字虽然主要与个人品行有关，但和股市还是有一点联系。股市本来凶险，谁若自高自大，不细心研究，坐等钱来无异于白日做梦。

三、投资比的是修养

实际上，大资金的亏损速度大于小资金亏损速度，因为贪念与恐惧。无论多大的资金，要被消灭，可以在举手之间。去过拉斯维加斯赌场的人都知道，每局中都会限制每个赌徒可操作的最大赌注。你可以想象一下，难道专家因为感觉下一轮的赌徒大部分都会输而允许赌徒超于赌场可押的最大资金限额吗？这绝对不会，因为他们虽然有较高胜算，但还是不能违背资金管理的原则。因此，永远保持最大的警觉，这是资金管理最大的、最重要的一点，没有这一点，一切管理都是无用的。

缠论认为，市场充满了无穷的诱惑与陷阱，对应着人的贪婪与恐惧。单纯停留在技术的层面，最多就是一个交易机器，最近即使能在市场中得到一定的回报，但这种回报是以生命的耗费为代价的。无论多大的回报，都抵不上生命的耗费。生命，只有生命才能回报，生命是用来渗透生命，而不是为了生不带来、死不带走的所谓回报。

在当代社会，不了解资本市场的，根本没有资格生存，而陷在资本市场，只能是一种机械化的生存。投资市场最终比的是修养与人格及见识，光从技艺上着手，永远只能是匠人，不可能成为真正的高手。

1. 真正的理性如何克服情绪化

一是不能受市场情绪影响。任何市场的消息面无所谓利空利好，市场反应才是唯一要关注的。买点只在下跌时形成，卖点只在上涨时形成。市场的恐慌与疯狂，都与自己无关。二是个人的贪、嗔、痴、疑、慢，患得患失，操作计划不能有效执行，时时反省，方能进步。三是没有权威，权威也有错的时候，投资只能靠自己。市场运行是合力，连政策的力量也不能改变趋势，何况主力与所谓的专家？四是技术基础要扎实，对市场当下的情况了如指掌，结合资金管理，随时应对各种情况。

2. 文中模式是指什么？模式如何死去又指什么

模式是你运用的操作计划，缠中说禅利润最大定理，是我们可以参考的模式。

模式如何死去？具体操作中，就是卖点出现的位置。买点是生，卖点是死。一个操作模式，在市场中是从买点开始，至卖点终止。

3. 介入模式的当下是什么

介入模式的当下，是指操作级别买点介入后，次级别的运行情况与各个级别之间的表里关系。通过次级别走势最终完美指导本级别操作。例如，以30F为操作级别，则按5F级别操作。

4. 把这段文字的含义用实例表达

大盘自6124点至1664点是30F级别趋势，1664点是30F级别一买。作为30F级别的操作者，当时不应被市场的恐慌情绪所左右，在1664点出现30F级别一买与5F级别一买共振时，应果断介入。由于1664是区间套的5F级别的背驰点，首先要产生一个5F中枢。而1664点同时是30F级别的背驰点，必然产生30F中枢。这就对未来的操作有一个指导。无论5F中枢还是30F中枢，中枢震荡都是正常，运用次级别走势最终完美做差价，不会被底部震荡吓破胆。更重要的是，要明白底部如果构筑，失败如何退出。

四、心态平和点

缠论说："为什么要花精力在熊市里忙？有技术，熊市一样挣钱，这没错，但这种钱本人早没有兴趣了。人生有很多事情可以干，关键是要明白当下最值得干什么。有大牛市，本人当然不会错过，那种破熊市里的破行情，值得本人去浪费时间吗？本人十分理解各位急着挣钱的心理，但这种心理本来就是市场参与者的大忌，连自己的心都控制不住，对自己的贪婪、欲望都不能控制，是不能在市场中长久成功的。心态平和点，焦躁没有智慧。"

交易其实就像树上的苹果，由青色开始，慢慢红，最后落下来。最后落下来时才是真正交易的开始。大部分的人看到苹果，青色的马上就吃。苹果还好，大不了吐掉。可交易是绞肉机，没有中间地带，不是吃别人，就是在绞肉机被绞掉后，最后连影都没有。如同战斗一样，人影没看到，就暴露在阵地里，砰砰开枪，这些都是不成熟的表现。钱不是交易赚来的，是坐着赚来的。打开一幅图，设好边界条件，就是等，等了又等，还要再等。直到感觉这单下去后心理没什么不踏实的才下单，就有可能盈利了。一般情况下，下的是好单子，几分钟后就会飘红。如果连续半小时都是绿的，一般来说，70%的可能是错单。

看来关键还是心态啊！不能贪婪。

市场里，任何的侥幸都只能是暂时的，而且会被市场加倍索还。面对市场，不经过一番洗心革面，是不可能战胜市场的。急着挣钱的心理是市场参与者的大忌，连自己的心都控制不住，对自己的贪婪、欲望都不能控制，是不能在市场中长久成功的。注定绝大多数投资者都是被市场愚弄的，而所有被愚弄的，都是陷在市场中、被自己所迷糊。这些人，所有的行为都被分类为多、空两种形式，当自己拿着股票时，思维就被多头所控制。反之，就是空头的奴隶。而市场的情绪，就是由此而积聚、被引导。脱离不了这种状态，永远成不了真正的市场参与者。

缠论总结：

（1）一定不要追高买股票，一定要有这样的心态，它爱涨多少是多少，权当这股票不存在。

（2）股票只有两种，买点上的股票都是好股票，否则就是垃圾股票；大级别买点的就是最好的绩优股，耐心等待股票成为真正的绩优股，这才是真正的心态。

（3）本人反复强调过，心态最重要。很多人明明知道不是买点，就是手痒忍不住，这就是心态问题，不解决这个，任何理论都没用。

（4）心态要稳，对股票、点位都不要有感情，只看市场的信号。应该对买卖点有感情。技术好，如果资金又不大，例如，可以按 30 分钟操作，那什么时候都不存在晚的问题。

（5）失误的原因永远与市场无关，找原因，只能找自己的原因，任何一次失误都要马上总结。

（6）没有技术保证的心态是傻子心态，傻子心态最好，见什么都没反应。智慧指引下的洞察才是心态好的唯一保证。

（7）为什么不能把自己变成狼，这和资金大小无关。只要你能买点买、卖点卖，就是最凶猛的狼。

（8）操作，一定要冷静，有钱，什么都有，还怕没有好股票？

五、缠中说禅谈钢铁战士的最基本标准

缠论说：如果真是想洗心革面，就要首先掌握本理论，然后用该理论去操作，在操作中把自己培养成钢铁战士，钢铁战士的最基本标准如下：

（1）买点总在恐慌的下跌中形成，但只要买点出现，就要义无反顾地买进。

（2）上涨总在不同情绪的交织中进行，抵抗住各种情绪的干扰，用钢铁般的意志把股票持住，决不中途给抛下车。

（3）卖点总在疯狂地上涨中形成，只要卖点出现，手起刀落，让股票见鬼去。

（4）任何的操作失误，只是一次跌倒，跌倒就爬不起来的，绝对不可能是钢铁战士。失误就要总结，绝对不要同一错误犯两次。

（5）买错比卖错严重，一旦确认买错了，一定要手起刀落。如果市场给你一次改正错误的机会你没把握，也就是第二类买卖点，那就买豆腐回家；如果市场给你第二次改正错误的机会你没把握，也就是第三类买卖点，那就直接回家磨墙。

（6）市场只有你才能帮助你，被市场毁掉的是你，战胜市场的也是你，你比市场强悍，市场就是你的；否则，你就是市场的点心。

（7）踏准市场的节奏，就可以在刀山火海中逍遥游。

在你没成为钢铁战士之前，最好还是有自知之明，本人反复强调，如果你技术不行，没有手起刀落的修为，就先把仓位减下来。那么，很多没减的，又没有手起刀落修为的，是不是又贪嗔痴疑慢？没到那水平，没到能在刀锋上舞蹈的水平，就别玩悬的，干自己能力范围内的事情。

市场上不是每一笔钱都适合任何人去赚的，面对市场的机会，认清自己的能力，这比什么都重要。

市场是连续的，高位走了不是天堂，高位没走不是地狱。大跌，不过是下一买点后大反弹的前戏。这一切，都逃不过本理论，而是否参与，则与你的操作级别相关，也和你的操作能力相关。

没有人天生就是胜利者，也没有人天生就与失败为伍。